TÜRKİYE'Yİ KEŞFET

Sınırlarımı Aşarken

LISA MORROW

Çevirmen: Merve Pehlivan

Avustralya'nın Sydney şehrinde doğan **Lisa Morrow** Macquarie Üniversitesi Sosyoloji Bölümü yüksek lisans mezunudur. Morrow, on yıl boyunca İngilizce öğretmenliği yaptıktan sonra serbest yazarlığa başladı. Uluslararası dergilerde ve internet mecralarında makaleleri, gezi yazıları, kurgu dışı yaratıcı metinleri ve kişisel denemeleri yayınlandı. Diğer iki kitabı *Inside Out in Istanbul: Making Sense of the City* ve *Waiting for the Tulips to Bloom: Adrift in Istanbul* 2015 yılında basıldı. İstanbul'da yaşayan Morrow Türkiye'yi evi olarak görüyor.

Boğaziçi Üniversitesi Çeviribilim lisans ve Paris VII Diderot Üniversitesi Modern Edebiyat yüksek lisans mezunu **Merve Pehlivan** özel sektöre, kamu sektörüne ve sivil toplum örgütlerine serbest sözlü ve yazılı çeviri hizmeti vermektedir. Çeşitli ulusal ve uluslararası mecralarda inceleme yazıları ve üç kitap çevirisi yayınlanmıştır. Pehlivan ayrıca Türkiye'nin en büyük açık mikrofon sahnesi Spoken Word Istanbul'un kurucusu ve sunucusudur.

www.insideoutinistanbul.com

https://twitter.com/goreme1990

https://www.instagram.com/insideoutinistanbul/

https://www.facebook.com/LisaMorrowAuthor

Bu kitabı, seyahat aşkımı ve öğrenme ihtiyacımı borçlu olduğum babam Geoffrey James Morrow'a ithaf ediyorum.

İçindekiler

SUNUŞ

Davulun sesi uzaktan hoş gelir.

İnsanın kendisinden, ayrılıkla sonlanan bir ilişkiden ya da kariyer şansı tanımayan işinden kaçmaya çalışması gezi yazıları geleneğinde uzun süredir işlenen konular arasında. Ardında bıraktığı şeyden daha iyisini bulma umuduyla evlerinden ayrılır bu insanlar. Bu seçkideki denemeleri yazmaya başlayana dek, kendimi nereye ait hissettiğimi pek de düşünmemiştim. Seyahat, hayatımın öyle büyük bir parçası ki, seyahat etmediğim, yeni bir seyahat için keşif yapmadığım ya da planlarımı hayata geçirmek için para biriktirmediğim bir zamanı hatırlamıyorum desem yeridir. Sıradanlıktan uzaklaşıp devamlı yeni ve egzotik mekânlar arayan, bilinmeyenin peşine düşen bir turist olmuşumdur hep.

Türkiye'ye ilk geldiğimde, Avrupa'ya ve diğer uzak diyarlara doğru o muazzam sefere çıkan Avustralyalılar kervanının bir üyesiydim. Okyanusyalılar epeydir yetişkinliğe adeta böyle adım atar. Yabancı ülkelerin manzaraları, sesleri, kokuları rengârenktir, serüven ve sınırlarımızı zorlama iştahımızı kabartır. Macera çok zahmetli hale geldiğindeyse, tek bir geri dönüş bileti yardımımıza koşuverir. Belli bir vakitten sonra biraz yaş almış, çokça olgunlaşmış halde eve dönmemiz beklenir. Bazılarımız bir yıllığına ayrılır, bazılarımız hiç dönmemek üzere. Türkiye, özellikle İstanbul, bu kıstaslara epey uyuyor. İstanbul'a turist olarak gelenlerin aklı hemen çelinir. "Padişahın Şehrinde" başlıklı ilk deneme İstanbul'un albenisine davetkâr bir bakış sunuyor. Şehrin tamamına yayılan egzotik Osmanlı mimarisi ve İslam'ın izleri kaçmayı, farklı bir hayata kavuşmayı isteyenleri cezbediyor. Bu şehir aynı zamanda, insana asıl evimi buldum hissi verecek kadar da dünyadaki başka yerlere benziyor. Daha kalıcı bir macera arayanlar, tek bir geziyle bile İstanbul'da karar kılabilir. Gelgelelim, zamanla bu tatlı düşlerde çatlaklar baş gösterir. Şehrin ışıltısı, heyecanı ancak bir süre yeter insana. Bu dönemi takiben yaşanan şiddetli kültür şokunu atlatmanın bir yolu aşina olduğumuz şeyleri arayıp, sadece yabancılarla arkadaşlık kurmaktır. Sizinle aynı dili konuşan, aynı kültürden gelen insanlarla vakit geçirdiğinizde kuşkularınızı, güvensizlik hislerinizi rafa kaldırmak çok daha kolaydır.

ii

Türkiye'ye ziyaret için değil yaşamak için geldiğinizde, turistlikten çıkıp buraya yerleşmeye uğraşırken Türk yaşam biçiminin karmaşık ve çelişkili boyutlarıyla karşılaşırsınız. Bugünün Türkiye'sinde bile büyük şehirler dışına seyahate çıkmak her daim kolay olmuyor. Ben yirmi yıl önce bu tür yolculuklara çıktığımda sanki başka bir dünyaya adım atıyor gibiydim. Seyahatlerimin daha en başında, Türklerle küçük bir köyde yaşadığım, "Göreme – Aydınlandığım Yer" başlıklı yazımda geçen dönemde sıklıkla köşeye sıkışıyordum, kafam karışıyordu ama ilgim, merakım hep uyanıktı. Etrafımdaki her şeyin tuhaflığına seve seve teslim oldum ve yaşadıklarım üzerine hiç kafa yormadım.

Sonraki yıllarda Türkiye'de seyahat edip yaşamaya devam ettikçe, aşina olduğum şeylerden uzaklaştım. Beraber büyüdüğüm yerlerden, insanlardan ve dillerden çok uzağa, sorgulamadığım benliğimden de çok uzağa düştüm. Daima olgulara bel bağlayan, kontrolü elinde tutmak için bilgi toplayan, bildiklerini teyit eden biri olarak, tüm bu kesinlik merakının beni deli gömleği giymiş gibi kısıtladığının farkına vardım. "Lisa'nın Küçük Adamları" başlıklı denememde ifade ettiğim gibi hala bitmek tükenmek bilmeyen bir öğrenme merakım vardı, "Türkiye'de Geçirdiğim Ramazan" ve "Kurban" yazılarında belirttiğim gibi Türk kültürünü daha iyi anlamak adına geleneksel deneyimlerin peşine düşmeye devam ettim. Bu tür deneyimler esnasında çoğu kez huzursuzlandım. Kim olduğuma, hangi değerleri diğerlerinden üstün tuttuğuma dair sorularla birlikte benlik algımın bütünlüğü sarsılmaya başladı.

Türkiye'nin pek çok yerini kat etmek, Batıdan ziyade Doğuya daha yakın ama kimi zaman her ikisine eşit uzaklıkta, hatta Batılı veya Doğulu tanımlarının da ötesine geçen bir ülkede yaşamak, bilinenden bilinmeyene gidip sonra geri dönüşümü anlattığım iç yolculuğunun mecazı niteliğinde. Gördüklerimi değiştirmeden kabul etmek durumunda kalınca, kimliğimi yeniden gözden geçirmem ve ifade etmem gerekti. Tıpkı "Her Şey ve Daha Fazlası" başlıklı yazımda geçen üniversite öğrencileriyle olduğu gibi kalabalık bir Türk grubuyla gezerken gündelik hayata daha fazla karışma imkanı elde ettim. Bu tür tecrübelerle birlikte farkına varmaya başladığım şey iyice perçinleşti. Bazı davranışlar Türklere özgü olduğundan tuhafıma giderken, bazen de insanların onlara yabancı gelen tavırlarıma ya da doğrudan bana tepkilerini tuhaf karşılıyorum. "Çalkala, Payetleri Silkele" başlıklı denememde bu konuyu irdeleyip, Türkiye'de hem kadın hem de yabancı olmanın çıkmazlarını mercek altına alıyorum.

Bambaşka bir kültürde yaşamak insanı değiştiriyor değiştirmesine, ama bu değişimin her zaman hoşumuza gideceği manasına gelmiyor. Vücudunuzdaki her değişikliğe herkesin ortasında yorum yapılmasının arkadaşlık göstergesi, kurallara riayetin ise bu denli yaygın olduğu bir toplumda yakından inceleniyor olmak sizi yalnızca güçlüğe düşürmekle kalmıyor, karşınızdakiyle zıtlaştığınız tatsız bir konuma da sokuyor. Böyle böyle yabancının karar verme anı gelip çatıyor. Kendimi tanıyamayacak kadar içine gireyim mi bu yeni yuvamın? Yoksa hep bir nevi dışında kalacağım bu kültürde kim olduğumu, nasıl yaşamak istediğimi öğrenmek adına farklı yönlerimi keşfetme özgürlüğümden mi istifade etsem?

İkinci yolu seçerek, pek çok kez derin bir nefes alıp uzunca bir süredir kaçınmayı başardığım korkularla yüzleşmek durumunda kaldım. "Özgüvenle Alışveriş" ve "Düğüne Giderken" adlı yazılarımda tasvir ettiğim gibi, Türk kültür normlarına tabi olma baskısına rağmen, hayata dair çok şey bildiğimi ve kendi muhakeme gücüme güvenmem gerektiğini anladım. "Türkçenizi Geliştirme Kılavuzu'nda ise kişiliğimin bazı yönlerini, mesela azmetmeyi bırakmamam gerektiğini öğrendim.

"Fenerbahçe Parkı'nda Pazar Günleri" ve "Lokum" denemelerini yazdığım vakitte ise, sosyoloji eğitimimden faydalanmanın verdiği hazla, nereye uyduğumu düşünmeden, günümüz Türkiye'sinde hayatın içine işlemiş gelenek ve modernliğin ebedi gelgitleriyle eğlenip durdum.

Yıllar evvel ülkemi terk ettiğimde, kendimi de ardımda bırakmıştım. "Mahrem" başlıklı yazıda söze başladığım kişiyle, yazının bitiminde dönüştüğüm kişi birbirinden çok farklı. Aşina olduğum gündelik hayat artık içine doğduğum gündelik hayat değil. Her gün camilerden gelen ezan sesi bana bunu hatırlatıyor. Yolculuğa başladığım yere geri geldiğimden kendimi yolun en başında buldum fakat artık farklı biriyim şimdi. Kim olduğuma artık geçmişim karar vermiyor. "Gün Işığımsın" başlıklı yazımda ifade ettiğim gibi, hüzünden, kederden ben de payımı aldım. İnsanın başına gelse atlatamaz dediğim kadar derin bir kayıp ve ümitsizlik hissiyle yüzleştim. Belki daha iyi biri olarak değil ama kendimden daha emin bir şekilde bunların üstesinden gelmeyi başardım.

Şimdi idrak ediyorum ki aslında keşif maksadıyla değil, kendimden kaçmak için yabancı ülkelere seyahat ediyormuşum. İşin tuhafı, Türkiye'de yaşamaya karar verdikten sonra en büyük keşfim tam da bu oldu aslında: Kendim.

PADİŞAHIN ŞEHRİNDE

İstanbul'da, Boğazı ağır ağır geçen bir vapura binmek zamanı durdurmak gibi bir deneyim adeta. Sefer süresi kısa olsa da beni birdenbire çocukluğuma, bitmek tükenmek bilmeyen günlere, özgürlüğe ve maceraya götürüyor. Eskiyi düşündüğümde içimi nostaljik bir hüzün kaplıyor ama bir yandan da heyecanlanıyorum, zira bilinmeyen bir diyara doğru yol alan ilk kaşiflerle birlikte seyahat ediyorum. İstanbul'un güvenli Avrupa yakasından başlayan yolculuğum Asya'ya ve onun da ötesindeki bilinmeyen diyarlara doğru ilerliyor. Vapurun dış kısmında boylu boyunca uzanan dar bir ahşap bankta otururken yabancı sesler çalınıyor kulağıma. Etrafımdaki simalar da yabancı ama bazen biri dönüp "Merak etme. Bizle berabersin artık." der gibi bana bakıyor. Vapur sallanmaya devam ederken yavaş yavaş rahatlıyorum, tam hayallere dalacakken bir adam çıkıyor ortaya, yüksek sesle tuhaf bir şeyler söylüyor. Sol tarafımdaki yolcular vapurun dışına doğru uzanan ayaklarını birer birer çekince ben de onları taklit ediyorum. Adam yaklaştıkça kalbim hızla çarpmaya başlasa da, çay, kahve ve portakal suyu sattığını görünce sakinliyorum. Ben bir şey almıyorum, ama başkaları benim gibi değil, yolculuğun son on dakikasında iki bardak çay içip, iki de sigara tüttürmeyi beceriyorlar.

İstanbul'a tamamen yerleşmiş olsam da, Ayasofya'nın ve Sultanahmet'in minareleri her gözüme çarptığında yüreğim hoplar. Bu minareler Topkapı Sarayı'nın, sayısız padişahın, skandalın ve hüznün yuvası Sarayburnu'na bekçilik ediyor. Soğuk, kurşuni bir göğün altında kış kendini hissettirse de, İstanbullular vapurun dışındaki bankları hala tıklım tıklım dolduruyor. Artık vapurlarda sigara içemediklerinden, genci yaşlısı her Türkün bayıldığı simitleri kemiriyorlar. Simit kırıntılarını havaya fırlatıp civardaki devasa, beyaz, çirkin martıların sert, kırmızı bakışlarını cezbederek onları aşağıya indirmek, vapurla aynı hizada uçurtmak adetten. Delikanlılar kim hedefi tutturacak diye yarışırken, martılar da lokmayı kapabilmek için bize yaklaştıkça yaklaşıyor.

Evimin arkasındaki ağaca tüneyip beni her sabah uyandıranlar da onlar. Sabahın beşi ya da altısında okunan ilk ezanda huzursuzlanıp viyaklıyorlar. Yataktan kalkıp bakmaya üşeniyor olsam da, penceremin önünde sanki hep bir ağızdan, ciddiyetle şarkı söyleyerek adeta *A Chorus Line* müzikalinin kuş tüylü versiyonu sahneliyorlar gibi hissediyorum. Martıları uyandıran bu camiler İstanbul'un dört bir yanını kuşatır. Benim en sevdiğim cami ise üç Osmanlı padişahına vezirlik etmiş Şemsi Paşa'nın talebiyle 1580 yılında Mimar Sinan tarafından tasarlanmış. Caminin halk arasında bilinen adı *Kuşkonmaz Camii*. Rivayete göre kuşlar camiye hürmeten konmaz ve yuva yapmazmış. Ben de Boğazdan gelen rüzgar yüzünden kuşların buraya konamadığı yönündeki sıradan açıklamadan ziyade bu rivayeti yeğliyorum.

Bu ufak mekânın ardında bir tarih yattığını bize etrafı gösterip tarihçeden de epey bahseden *gaziden* öğreniyorum. Deprem sonrasında mihrabın iki yanındaki mermer sütunlar sayesinde hasar ölçümü yapıldığını söylüyor. Eğer sütunlar artık dönmüyorsa, caminin temeli sarsılmış demektir. Duvarın üst kısmına asılı çerçeve içindeki kumaş parçasının Mekke'den, Kâbe'den geldiğini de ekliyor *gazi*. Kâbe'nin örtüsü her yıl değişiyor, kaldırılan örtünün parçaları hediye olarak dağıtılıyor, el üstünde tutuluyormuş. Camiye dair daha birçok şey anlatıyor ve sonunda kendi hikâyesini öğreniyorum. Başka genç Türk erkekleri gibi o da Soğuk Savaş döneminde Kore'de savaşmış. Türkiye'nin savaşa taraf olduğunu bilmiyordum, gazinin anlattığı dehşet ve ölüm sahnelerini acıyla dinliyorum. Ama o son derece

3

hoşnut benimle bunları paylaşmaktan, zira beni sürekli dürtüp *"Anlat!"* diyor ki söylediklerini çevireyim, arkadaşlarım da anlasın.

Nihayet vedalaşıyoruz. Avluda oturan ahbaplarına doğru giderken onu şefkatle seyrediyorum. Türkiye'de yaşı ilerlemiş pek çok adam gibi bütün günü önlerinden akıp giden kalabalığı çekiştirmekle, eskileri yâd etmekle geçiriyorlar. Yaşlı olmalarına yaşlılar ama, ben giderken gülümseyip el salladıkları an, içlerindeki tasasız oğlan çocuğunu görür gibi oluyor, *simit* yiyip Boğaz'da süzülen martıları beslediklerini, bir sonraki maceralarını düşlediklerini hayal ediyorum.

GÖREME

Aydınlandığım Yer

Anadolu'nun kalbindeki Göreme Kapadokya'ya bağlı, ülkedeki muadillerinden farksız geleneksel bir tarım beldesi. Burası şimdilerde birkaç sönmüş yanardağı, geniş platoları ve gerçeküstü doğasıyla meşhur. Ben buraya ilk geldiğimde yazın ortasıydı. Binlerce senedir yaşlanmış, sararmış çorak kır toprakları sıcağın altında insanın gözünü alıyordu. Külaha benzer, büyüleyici *peribacalarından* akseden kırmızı, turuncu ve sarımtırak renk cümbüşü başımı döndürmüştü. Bu sivri kuleler ilk bakışta özenle tasarlanmış heykel izlenimi verse de, esasen şiddetli yanardağ patlamalarıyla çok uzun süre boyunca meydana gelmiş şekiller. Erimiş lavlar soğuyunca çetin kış fırtınaları ve rüzgarlarla erozyona uğramış. Sert dış yüzeyin altındaki tüf denen yumuşak taş korunarak, yüzlerce yıl boyunca köylülerin titiz gayreti sonucu oyulmuş. Yirminci yüzyılın son çeyreğine kadar köylüler peribacalarını ev, ahır, kilise ve depo olarak kullanmış. Günümüzde her yıl Kapadokya'ya binlerce ziyaretçi akın edip, İngilizcede matrak bir biçimde *fairy chimneys* ifadesiyle geçen,

5

insanı hayrete düşüren bu heybetli ve dayanıklı jeolojik olguya hayran kalıyor.

Göreme'ye ilk gittiğimde, yeme içme karşılığında öte beriye yardım ettiğim ufak bir pansiyonda yaşıyordum. Körfez Savaşı dönemiydi. Turist az olmasına rağmen neredeyse hiç yalnız kalmıyordum. Sabahları kadınlarla, öğleden sonraları da erkeklerle vakit geçiriyordum. Geri kalan zamanda avluda oturup pansiyon sahibinin kızından Türkçe öğreniyordum. Kadınlarla vakit geçirdiğimde, onların evlerine gidiyordum, oturup birlikte örgü örüyorduk. İyi bir köy kızı gibi ev zanaatlarını öğreniyordum. Yerde bağdaş kurup büyüklerimi dinledim, sık sık etrafımızda ciddiyetle dolanıp basit Türkçe şarkılar söyleyen çocuklara yardım ettim. Bu kadınlar giyim kuşamımı, işimi yadırgamıyorlardı ama onları ne kadar iyi dinlediğime, kendim ne kadar konuştuğuma bakıyorlardı. Karşılıklı kelime dağarcığımız aşağı yukarı otuz kelimeden ibaretti, ama mimik ve jestler yardımıyla arkadaş olacak kadar anlaştık. Onlara benzeyeyim diye *şalvar* ve el örgüsü, sünmüş bir hırka giydirir, başıma da elişi oyalı bir başörtü takarlardı güzelce. Ben de onların saçlarını yukardan toplayıp at kuyruğu yapardım. Çoğu zaman neticeyi görünce gülmekten yerlere yatardık.

Bazen öğle yemeği vaktine kadar kıkırdamaya devam ederdik. Hepimiz birer kaşık alır, karnımız doyana kadar aynı tabaktan yerdik.

Erkeklerle ise at binmeye giderdim. At üstündeyken sert, vahşi yanım ortaya çıkardı, ekili tarlaların kenarında kıvrılan yollarda dört nala gider, ham elma ve yeşil ceviz peşinde dolambaçlı vadilere doğru hızla yol alırdık. İçim kıpır kıpır olurdu. Bir geçit vardı, oraya her geldiğimizde durur, atlarımızdan iner ve geçidin en dar olduğu yerden yükselen sarp beyaz kayaya doğru koşardık. Sonra taş toplama yarışına girer, yukarıdaki dallarda saklanan cevizlere fırlatırdık. Ağaçların üzerimize örtü gibi serdiği alacalı gölgeyle tüm gün hiç azalmayan kuru sıcaktan korunup serinlerdik. Doğma büyüme şehirli biri olarak, cevizler düştükçe tek tek toplayıp yavaşça, doyasıya yemekten çok büyük zevk duyardım. İki cevizi avucumun içine alıp kırmayı öğrendiğim an ise kendimi her şeye meydan okuyacak kadar güçlü hissettim. Erkekler daha sabırlıydı, aralarından biri, genelde de en genç olanı, ağaca tırmanır, dallara uzanırken şarkı söyleyip dans eder, lezzetli yemişleri düşürürdü.

O zamanlar genelde tek başına takılan, utangaç, kim olduğunu da çok bilmeyen biri olduğumdan insanlarla aralıksız vakit geçirmek beni bazen yorardı. Bahsettiğim kadınların ya da erkeklerin eşliğinde değilsem, pansiyon sahibinin kızı küçük bir gölge gibi peşimden gelirdi. Böyle durumlarda sıvışır, köyün ana caddesi arkasındaki bayıra tırmanırdım. Vadiler, günün belli saatlerinde derin bir sessizliğe bürünür, köy yollarının üzerinden ufkun ötesine kadar uzanan manzaraya esrarengiz bir sükunet hakim olurdu. Bu sessizlik içimde yankılanır, beni dingin ve güvende hissettirirdi. Uzakta köyden bir kadını fark ettim, eşeği çıra yüklü, evinin yolunu tutmuş. Kadının ardında parıldayarak dalgalanan tepelerin, vadilerdeki eflatun karaltıların hafifçe uzanan manzarasına baktığımda sonbaharın geldiğini fark ettim. Tam seçemediğim yapraklar ince ince titrerken kızıla dönüyor, hemen sonra gümüşi bir çizgi beliriyordu üzerlerinde. Karşımda bir ilkbahar sahnesi duruyordu sanki. Tam o an, daha evvel hiç tatmadığım bir huzur ve mutluluk duydum. Bitmek tükenmek bilmeyen sorular, sorularla beraber gelen tereddütler son bulmuştu. Anın tadına varıyordum sadece. Göreme'de, bu eşsiz topraklarla ve samimi halkla birlikte, kendimle uyum içinde hem iyi bir kız olup hem de risk alabileceğimi nihayet idrak ettim. Özgürlüğüme kavuşmuştum.

LISA'NIN KÜÇÜK ADAMLARI

Boyum kısadır. On iki yaşındayken sınıfın en uzun kızı olduğum, çabucak geçen bir dönem hariç, hayatımın büyük kısmını kısa boylu geçirdim. Gerçi erkek olsaydım da aynı vakit sınıfın en uzun oğlan çocuğu olurdum. Zaman geçtikçe, bir sabah uyanıp kulaklarıma varacak kadar uzun bacaklara asla sahip olamayacağımı kabullendim, çoğu eşyaya uzanamıyor oluşuma da alıştım. Eğer bir kalabalık içindeysem etrafımda olup biteni hep ıskalayacağımı biliyorum.

Türkiye'ye ilk geldiğimde Türk kadınlarının da kısa olduğunu görünce neredeyse teselli bulmuştum. İlkin kendimi rahat hissettim, zira onların göz hizasıyla benimki aynıydı, mutfağa girdiğimde boyum uzanmıyor diye pek dertlenmiyordum. Gerçi boylarımız benzese de Türk kadınlarının eni benimkinden epey dar ve ince. Tam kısalığıma yeniden teslim olmaya hazırlanıyordum ki, ilk küçük adamımla karşılaştım.

İç Anadolu'da, Kayseri'de yaşadığım dönemdi. Bir devlet üniversitesinde çalışıyor, kampüste oturuyordum. Kampüsten şehir merkezine gitmek demek, kendini Formula 1 Grand Prix yarışçısı zannedip dört

9

kilometreyi üç dakikada kat eden şoförle birlikte son sürat, dehşetli bir otobüs yolculuğuna çıkmak demekti. Adam ne kırmızı ışığı, ne hızlı yaklaşan kamyonları takardı. Her ne kadar otobüsün şasisi yüksek olduğundan yere basmak için bir metre kadar yukardan sıçramak zorunda kalsam da, Cumhuriyet Meydanı'nda ani bir frenle durduktan sonra otobüsten indiğim her sefer derin bir nefes alırdım.

Tarihi şehir merkezi eskiden epey yüksek granit bir duvarla tamamen çevriliymiş. Ben buraya ilk geldiğimdeyse, duvarın harap ön cephesi iyi karılmamış betonla üstünkörü, tartışmaya yol açan biçimde yeniden inşa edilmişti. Netice göze pek hitap etmese de pratik olmuş. Giriş katında çeşit çeşit adam itinayla işinin başına oturmuş, zanaatını icra ediyor. Ayakkabı boyacıları yan yana dizilmiş, boya malzemeleriyle dolu, pirinç kaplı kayık şeklindeki sandıkların arkasına oturmuş. Her biri bir öncekinden daha süslü sandıklar, alımlı Türk kadın şarkıcıların ve pos bıyıklarıyla caka satan, çarpıcı derecede erkeksi Türk sanatçıların kartpostallarıyla bezeli. En lüks hizmeti sunan boyacının önündeki müşterilerse ayaklarında terlik, ofis sandalyesinde oturup beklerken, ayakkabıları göz kamaştırana kadar boyanıyor. Boyacıların yanındaki beş adam ise antika, orijinal yaldızlı harfleri hala üstünde pedallı dikiş makinelerinin önüne oturmuş ayakkabı tamir ediyor. Tüm makinelerin masasına bir uçtan diğerine uzanan renkli bağcıklar asılmış. Rüzgâr esip ezan okunmaya başlayınca müziğin ritmiyle salınan Havaili dansçılara benziyorlar. Duvarla aynı hizadaki ağaçların da tamamı tutulmuş. Her birinin önünde bir adam dikilmiş, çoğu eski model bebek arabasından devşirme bir yük arabasının içinde insanı hayrete düşürecek çeşitlilikte ürün ve hizmet sunuyor. O vakitler hala sigara içiyordum. Soldan üçüncü ağaca yaklaşıp, tüylü bir kazağın içinde uzun kollu gömleği hem yazlık hem kışlık giyinmiş küçük bir adama çakmağımı doldurttum. İlkinde acemi davranıp tüpten çıkan gaza yakalandığımdan, bir daha hep aksi yönde durdum ki adam bütan şişesinin sibobunu çakmağıma yerleştirip gazı doldururken bana denk gelmesin. Bazen de, adamın taşınabilir jeneratörünü çıkarıp laminasyon kaplama makinesini çalıştırarak yeni kimlik veya seyahat kartımı PVC ile kaplamasını beklerdim. Diğer ağaçların önündeki adamlar gibi o da cep telefonu kılıfı, kalem, otuz üçlük tespih ve benzeri ufak gereçler satardı.

İlk terzimle de Kayseri'de tanıştım. Çakmakçı gibi kısaydı ama onun aksine kilolu bir adamdı. Dükkânına bakınca Kayseri'nin en iyi iki terzisinden biri olduğunu anlamak zordu. Sivas Caddesi'nde, eski futbol stadının az yukarısında bir apartmanın en alt katındaydı. Ufak dükkânına kumaş ruloları, kasa ve soyunma odası sığmış, dikiş yapan delikanlılar ise sadece merdivenle inilen bodrum kata tıkılmıştı. Süleyman terzilikten anlardı. Benim dikiş yapabildiğimi öğrenince yeni tasarımlar üzerine çalışmaya başlamış, pek eğlenmiştik. Sık sık oturup sigarayla Türk kahvesi eşliğinde sohbet ederdim onunla. İstanbul'dan, Ankara'dan gelen kumaş mümessilleriyle tanışıp gelecek bahar ve yaz ayları için malzeme seçmesine yardımcı olurdum. Bir de provaya veya dikimi bitmiş kıyafetlerini almaya gelen zengin kadınlara kulak misafiri olurdum. Süleyman'ın işinde hep bir kusur bulur, fiyatta indirim yapmak isterlerdi. Kasanın arkasında daima duran bir fiyat listesi vardı ama kadınlar yine de şanslarını denerdi. Süleyman hiç geri adım atmazdı, bu da hoşuma giderdi.

Bir sonraki küçük adamım kısa, toparlak, kirli sakallı bir adamdı. Vücudunun yarısını deri bir önlükle kapatmasına rağmen, beyaz çizgili gömleğinde, gri yün pantolonunda ve cildinde siyah lekeler vardı. Elindeki erkek ayakkabılarını şevkle boyarken istifini hiç bozmadan "Hoş geldiniz" dedi. Kişisel bakımım açısından, yeni ayakkabı tamircim Avustralya'da bulduğum adamlara çok benziyordu. Ne zaman görsem aynı kıyafetle bulduğum genellikle Yunanistan ya da Lübnan göçmeni bu adamlar neredeyse hiç tıraş olmaz, ayakkabı boyası ve sigara dumanı kokarlardı. Bu ikisi bir araya gelince emsalsiz ama her nasılsa nahoş olmayan bir kokuya dönerdi. Aralarında bir fark vardı ama. Avustralya'da tamircilerim hep benden uzun olmuştur. Türk tamircimin dükkânına ilk kez girdiğimde, bir çift topuk almak istiyorum dediğim vakit adam ayaktaydı, başı anca benim kulaklarıma varıyordu.

Tamircimi bulduktan bir yıl kadar sonra, kapalı dükkânın önündeki elektrik direğine asılı ilandan öğrendim ki oğlu öldürülmüş. Birkaç hafta sonra yeniden açar diye umarak, düzenli aralıklarla dükkânın yanından geçip camdan içeri bakıyordum gelmiş mi diye. Onun adına çok üzülmüştüm ama ayakkabılarım için de dertlenmeye başladım. Ayakkabılara bayılırım ve hep deri ayakkabı alırım. Başka her şeyde tutumluyumdur ama gardırobumda hiç tereddütsüz para döktüğüm tek eşya ayakkabıdır, zira gördüğünüz o çift içinize siniyorsa doğru kararı vermişsiniz demektir. Görüp de almadığınız

13

günün gecesi rüyanıza giren, dönüp almazsanız gözünüzün önünden hiç gitmeyecek o bir çift ayakkabıdan bahsediyorum. Eğer siz de ayakkabı aşığıysanız anlamışsınızdır ne demek istediğimi. Yepyeni bir ayakkabı aldığımda giymeden önce gidip tabanlarını değiştirtmek bana müthiş heyecan verir. Bir de tabii artık yıpranmaya yüz tutmuş eski ayakkabıları tamir ertesi karşılamanın coşkusu var. Türkiye'de iyi bir tamirciye gidip ayakkabınızın tabanlarını yenilemek istediğinizde mutlaka boyayıp parlatırlar, yepyeni gözükür. Çok sevdiğim bir çiftten ayrılma vakti gelmişse, ayakkabı tamircimdir onları elden çıkaran, zira ben asla böyle bir şeye cesaret edemem. Haliyle ayakkabı tamircimle olan ilişkim son derece önem arz eder benim için.

Aradan bir ay geçince tamircimin artık geri gelmeyeceğini kabullenmek durumunda kaldım. Köşede kalmış bir çift ayakkabım tamir beklediğinden, en kısa zamanda yeni birini bulmak zorundaydım. Ana cadde üzerinde bir başka küçük adamla kısa süre takıldım ama bir günden diğerine fiyat değiştirdiği için bıraktım. Sonra daha evvel gitmediğim bir yoldan geçmeye karar verdim. Ara sıra yaparım bunu, rutinimi bozar, yeni bir şey çıkar mı karşıma acaba diye yoklarım. Genelde pek bir şey çıkmaz ama bu sefer yıllar boyu süren hüsranımı telafi edecek o küçük adamı bulmuştum. Kısa, iri yarı, kirli sakallı bir adamdı. Vücudunun yarısını deri bir önlükle kapatmasına rağmen, kahverengi çizgili gömleğinde, mavi yün pantolonunda ve cildinde siyah lekeler vardı. Elindeki kadın ayakkabılarını şevkle boyarken istifini hiç bozmadan "Hoş geldiniz" dedi.

Bu adam için tamirin büyüğü küçüğü yok. Şimdiye kadarki en muazzam eseri Tunus'tan aldığım spor ayakkabılarının tamiriydi. Genelde spor ayakkabısı sevmem ama bunlar bambaşkaydı. Uzun, sivri burunlu ama gülünç değil, bağcıkları gümüşi deliklerden geçiyor. Çapraz kesitli kurdelesi imitasyon süeti zarifçe gösteriyor. Pek sevmiştim ayakkabılarımı. Tek parça lastik tabanı orta yerinden ayrılınca adeta kalbim kırıldı. Sabırla bekleyip biraz da araştırdıktan sonra, son tamircim yeni bir taban buldu. Kalp kırıklığım ümide döndü ve birkaç hafta sonra yepyeni gibi gözüken ayakkabılarımı almaya gittim.

İyi bir kuaför bulmak da en az ayakkabılarımı tamir ettirecek kişiyi bulmak kadar önemli benim için. Her ne kadar artık sadece kadın eleman çalıştıran kuaförler de olsa, Türkiye'de yaşadığım ve seyahat ettiğim süre zarfında gördüm ki kuaförlerin çoğu erkek. İyi olup

15

olmadıklarıysa muamma. Antalya ve Erzurum'a seyahatlerim esnasında meçhule adım atıp, saçlarımı tek seferliğine harikulade kestirdiğim de oldu, başka bir şehre taşınıp mecburen terk edene dek Kayseri'de hep aynı muazzam kuaföre gittiğim de. Mimiklerle ve örneklerle kendimi ifade ettiğimden ve en kötü ihtimalle saçım geri uzayacağından, derdimi anlatacak kadar Türkçe bilmem hiç işe yaramaz. İstanbul'da şu anki kuaförüme gelene dek birkaçını eledim. Bunlardan ilki boy, kilo ve sakal bakımından küçük adamlar grubuma cuk diye oturuyordu. Küçük sandalyesine yerleştiğimde göz hizamız birbirine denk geliyordu. Saç kesimi kâfi, fiyatı da makuldü ama karısıyla olan ilişkisi beni nihayet kendinden uzaklaştırmaya yetti.

Aynı salonda güzellik uzmanı olarak çalışan eşiyle çoğu zaman didişirdi. En son gittiğimde kuaför bir yanımda dikilmiş, karısı kendine her hakaret savurduğunda makasla saçıma şiddetle saldırırken, kadın da hırçın bir biçimde tırnaklarımı törpülüyordu. Tartışma hararetlenirken nefes almaya bile cüret edememiş, ancak kasaya paramı bırakıp kaçtığım an rahatlamıştım. Neredeyse bir yıl boyunca o salonun önünden bile geçemezken, şimdiki kuaförümü bulana dek birkaç durak gezdim. Diğer ufak adamlarımın aksine uzun

16

boylu ama işinde iyi. Çaylarını yudumlarken sırasını bekleyen bir sürü kadın aynı yerde çalışan genç elemanı kibarca reddedip, Ertan Bey'in ellerinden ne mucizeler çıktığını birbirlerine fısıldar durur.

Türkiye'de geçimini sağlamakta güçlük çeken kesimler var. Ben de yıllar içinde öğrendim ki hiç akla hayale gelmeyecek şeyleri tamir eden bir dizi küçük adam varmış burada. Gözlüğümüzün vidalarını, burun silikonlarını değiştirenlere aşinayız zaten ama bir de cüzdan tamircileri gibi beklenmedik işlerle uğraşanlar var. Genellikle cüzdanıma küçük adam şeklindeki *nazar boncuğumla* haddinden fazla bozuk para doldurduğum için, ya çıtçıtı ya fermuarı sık sık patlıyor. Böyle durumlarda yeni parça bulmak için nafile bir arayışa girişiyorum. En son, patlak bir cüzdanla gezmektense yeni bir model almakta kararlıydım güya ama olmadı. Kadınlar için tasarlanan o büyük, uzun cüzdanları sevmiyorum; hep taşımam gereken kimlik kartımın sığmadığı küçük olanları da kullanamıyorum.

Karşıma bir çözüm çıkana dek kopuk, doğru düzgün işe de yaramayan cüzdanımı kullanmayı kabullenmiştim. Burası Türkiye. O yüzden illa bir çözüm çıkar ama bu seferki hiç ummadığım bir yerdeydi. Bir arkadaşıma İstanbul'u gezdirirken bir de baktım Beyazıt'a kadar gelmişiz. Üniversitesiyle meşhur bir muhit olmasına rağmen Kapalıçarşı'nın bitiminde yer aldığı için çok pahalı ve turistik olur, pratik bir şey bulamam diye düşünmüştüm. Kalabalık bir *loncanın* üçüncü katındaki ufak bir odada cüzdan tamir eden küçük bir adama rastlayınca haliyle şaşırdım. Eskiden esnaf birliği manasına gelen *lonca* bugünlerde aynı zanaatla uğraşan insanların çalıştığı yeri ifade ediyor. Tamirci sorunu hızla kavradıktan sonra ustalıkla çıtçıtı değiştirdi, fermuarı düzeltti ve kayıp fermuar ucunun yerine yenisini taktı. Dört dolar gibi dudak uçuklatan bir fiyat karşılığında cüzdanımın eski haline kavuşmuş oldum. Yanında Türkçe pratiği de cabası.

Yıllar geçtikçe çeşit çeşit küçük adam biriktirdim. Çakmakçı adam, terzi, ayakkabı tamircisi, kuaför, gözlükçü ve cüzdancı onlardan yalnızca birkaçı. Uzun boylu ya da kısa boylu, şişman ya da zayıf olsunlar, onlarla kırık dökük Türkçemle konuşup işlerimi hallettikçe kendimi buraya ait hissetmeye başladım. Artık buranın yabancısı, kısa süreliğine ziyarete gelmiş biri değilim.

TÜRKİYE'DE GEÇİRDİĞİM RAMAZAN

Ramazan ayını ilk İstanbul'da deneyimledim. 2000 yılının Kasım ayıydı, şehir merkezinin dışında, Anadolu yakasının ağaçlıklı muhiti Erenköy'de oturuyordum. O vakitler doğal gaz henüz bağlanmadığından, havayı apartmanların ısıtma tesislerinden püsküren kesif bir kömür dumanı kaplar, saat akşam beş gibi hava kararır, soğurdu. Türkiye'yi daha evvel çok ziyaret etmiştim ama ilk kez bu kadar uzun süreliğine yaşamaya başlamıştım. Haliyle oruç ayı boyunca neler olup bittiğine pek hakim değildim. Tek bildiğim, gündüz saatlerinde insanların hiçbir şey yiyip içmediği, orucun bozulduğu yemeğe de *iftar* dendiğiydi.

Hala hatırımdadır, Bağdat Caddesi'nde sık sık gittiğim pahalı süpermarketlerin normalde gayet kibar müşterileri *iftar* cinneti diye tanımladığım bir hale bürünüyordu. Erken kalkıp sahur hazırladıktan, bir de tüm gün oruç tuttuktan sonra karnı aç kalan ev hanımları, dört gözle beklenen akşam yemeği için en mükemmel malzemeleri bulmak üzere tehditkâr bir edayla reyonları arşınlardı. Yorgundular, asabiydiler ve olabildiğince kısa sürede evlerine varmaya azmediyorlardı. Süpermarket arabasını savuran bu kadınlarla kasa arasında dikilen

19

cahil yabancının vay haline. Bir keresinde önümde sıra bekleyen kadına kazara kendi arabamla çarpmış, sert bir şekilde paylanmıştım. Kadın bana avazı çıktığı kadar bağırınca herkes dönüp bakmıştı. Özür dilemekten bir hal olmuş, başım önde, yer yarılsa da içine girsem demiştim.

Türkiye'de karşıdan karşıya geçmek her zaman hayati bir tehlike doğurur ama Ramazan'da bu risk iyice artar. Çılgın sürücüler hasretle günün ilk yemeğine, ya da pek çoğu için daha da önemlisi sahurdan beri ilk sigaralarına kavuşmak için son sürat gaza basar. İki yüz kadar kişiyle beraber bir saati aşkın süre *dolmuş* sırası beklediğim gün, dışarı çıktığım vakitleri *iftara* göre düzenlemem gerektiğini de öğrenmiş oldum. Eve ya iftardan epey önce ya da epey sonra varmam zaruri oldu. Aksi takdirde ayakta dikilip soğuktan tir tir titrerken, bütün taksi, otobüs ve *dolmuş* şoförlerinin orucunu açıp yemeğini bitirmesini beklemek durumundaydım.

Tüm bunlara rağmen, Ramazan ayı insanların az çok neyi varsa paylaştığı neşeli bir dönem aynı zamanda. Vapurla karşıya geçtiğim bir akşam, radyatörlerin sıcaklığıyla ısınırken birazdan yiyeceğim lezzetli yemeği düşlüyordum. Tam karşımda *şalvarlı*, üzerine kat kat kalın hırka geçirmiş, yeni yıkanmış saçlarını oyalı tülbentiyle örtmüş yaşlı, köylü bir kadın oturuyordu. Herkes bitap, gözleri yarı kapalı halde olduğu yere çökmüşken onun gözleri parlıyor, şevkle saatin kaç olduğunu öğrenmek istiyordu. "*İftar* oldu mu?" diye her soruşunda kimse hayıflanmıyor, bilakis herkes memnuniyetle saatine yeniden bakıp daha vakit var diyordu. Saatin yelkovanı çıt ettiği anda göğsüne sımsıkı bastırdığı siyah poşeti açıp Ramazan *pidesini* çıkardı. Sadece Ramazan ayında pişirilen bu yuvarlak, özel ekmeği hemen etrafındakilerle paylaşmak istedi. Kimse kadının ikramını kabul etmediyse de hepsi içtenlikle teşekkür edip gülümsedi, o da ekmek ve hurmadan ibaret mütevazı bir iftarla orucunu açmış oldu.

Bir sonraki Ramazan ayım İç Anadolu'da, Kayseri'de çalıştığım ve yaşadığım döneme denk geldi. Yıl 2002, mevsimlerden de kış yine. İstanbul'un aksine Kayseri kışın aylarca karlar altında kalmış, gündüz vakti sıcaklık daima sıfır civarında seyrederken gece eksi otuzlara kadar düşmüştü. Soğuklar yüzünden mütemadiyen aç hissettiğim için gıda müthiş önemli hale geldi benim için. İş arkadaşlarımın çoğu oruçluydu. Benimle *yemekhaneye* gelmeyeceklerini tahmin ettiğimden, Ramazan'ın ilk günü yanıma sandviç getirdim. Sıcak, doyurucu öğle yemeklerine alışkın biri

21

olarak, binadaki çay ocağından sıcak bir de içecek alsam yeter diye ümit ettim. Bardakları çaya tadını bırakacak kadar çamaşır suyuyla ovmaya meraklı, masanızı temizlerken itirazlarınıza asla aldırış etmeden her eşyanın yerini değiştirme gibi sinir bozucu bir huyu olan bir kadın işletiyordu çay ocağını. Buna rağmen gürültülü bir neşesi vardı, çok da sıcakkanlıydı. O yüzden çay ocağının bir ay kapalı olduğunu duyduğumda üzülmüştüm. Ben çaydan mahrum kalırken, o da bir yandan para kazanamayacaktı. İçimde bir suçluluk duygusu, açık olmasına şaşırdığım kantinden aldığım hafif bir Nescafe'yle idare ettim. Kayseri çok muhafazakâr bir şehirdi, oruç tutmamak için meşru bir gerekçeleri olsa dahi insan içinde yemek yerken fark edilmeyi göze alan çok az kişi olurdu.

İlk gün çarşıya indiğimde bir iki restoran cüretkarca öğle yemeği spesiyallerini duyuruyordu. Üçüncü gün ise pencerelerindeki notlar sadece akşam yemeği için açığız yazıyordu. Cesurca içki aldığımız süpermarketteki bütün şarap, bira ve *rakı* şişelerinin yerini Ramazan kolileri almıştı. Pirinç, mercimek, şeker gibi *iftarlık* temel gıdaları içeren bu koliler genellikle hali vakti çok iyi olmayan akrabalara ve komşulara hediye ediliyor. O dönemde gizli saklı satılan alkollü içeceklerin tam aksine, Ramazan kolilerinin kenarında içindekiler resimlerle teşhir edilirdi. Ne zaman şarap alsam şişeleri içi gösteren beyaz poşetler yerine opak siyah poşetlere koyup verirlerdi. Niyetleri itibarımı korumak elbette ama komiğime giderdi, zira şişelerin şıngırtısı etraftan duyulurdu. Dersler üçü çeyrek geçe biterdi ama öğrencilerimin dikkati çok daha erken dağılırdı. Havanın dört buçukta karardığı o günlerde, en son zile yaklaştıkça yemek hayalleri artardı. Akşam öğrencilerden birinin evine *iftara* gideceğimiz gün ise haddinden fazla coştular. Öğrenci erkekti, okuma sınıfımdaydı ve ne yazık ki tam da o gün yalnızca brokolinin besin değerinden bahseden bir metni işliyorduk. Brokoliyi ne kadar sevdiğimi, artık çarşıda bir süpermarkette de satıldığını söylediğimde kimse tınmadı. Konuyu değiştirmem için yalvardılar yalvarmasına ama bir sonraki hafta habersiz sınav olacaklarından, ilgili bölümü bitirttim. Öğrencileri yerlerinde tutmak için yapabileceğim başka bir şey yoktu. Zil çalar çalmaz hepimiz kapı dışarı fırladık ve yolcu bekleyen minibüse doluştuk. Öğrencim şehrin kenar mahallelerinden birinde oturuyordu. Mahallenin adı "Beyaz Saray" olunca görmek için sabırsızlanıyordum. Ama ne yazık ki yanıltıcıymış bu isim. Pek çok Türk kasabasında, şehrinde olduğu gibi, öğrencimin mahallesinde de koca koca briket apartmanlar yükselirken, güzelleştirme teşebbüsleri tek tük ağaç, bahçe gibi yerlerden ibaretti. Ancak Türkiye'de gördükleriniz kimi zaman aldatır sizi. Binaya girdiğimizde öğrencimizin annesi, iki teyzesi ve üç kız kardeşi bizi çok samimi karşıladı. Babaları bize katılamadığı için özür dilediler. Kendisi kamyoncuymuş ve Almanya'ya yola çıkmış. Aynı katta yaşayan teyzeler kendilerini kısaca takdim ettikten sonra ortalıktan kayboldu. Bizim için tüm gün yemek yapmışlar, hala masaya bir şeyler diziyorlardı. Onların gelmesini beklerken kız kardeşler yirmi altımıza da gidip terlik getirdi. Hem öğretmen hem de yabancı olduğum için bana en güzel ama simsiyah kıyafetime de hiç uymayan beyaz topuklu terlikleri verdiler. Sonra, pek çok Türk evinde hem oturma odası hem de yemek odası görevi gören büyük bir *salona* geçtik. Normalde odaların ortasına konan üçlü köşe koltuk duvara yaslanmıştı. Bunun haricinde koltuğun yanına muntazaman dizilmiş on sekiz sandalye saydım. Belli ki burası çok misafir ağırlayan bir evdi. Boş kalan kısımlarda birbirine uymayan masalar uzanıyordu. Her yer tıka basa yemek dolu, başka bir şeye ihtiyacımız olamaz herhalde derken,

24

teyzelerin yanında alt kattan iki komşu çıkageldi, ellerinde misafirler için hazırladıkları kocaman pilav, makarna ve salata tabaklarıyla.

Vakit geldiğinde herkes yavaşça bir hurma yedi, ardından sessiz ve sistemli bir biçimde kaselerindeki mercimek çorbasını içip, bir kase *mantı,* koca bir *börek,* sonra bir tabak dolusu pilav, *köfte* ve salatayla devam etti. Kimse acele etmiyordu, gören tüm gün oruç tuttuklarını zannetmezdi. Ana yemek bitince, sigara içen öğrenciler önce benden izin isteyip iznimi aldıktan sonra sigara yaktı. Önce bir sürü paketin, sonra da sigaramı yakmam için uzatılan çakmakların rekabetiyle karşılaştım. Makul bir moladan sonra tabak tabak *baklava* ve ardı arkası kesilmeyen ufak, zarif bardaklara doldurulmuş çaylar servis edildi.

Akşam epeyce yememi beklerler diye düşündüğümden öğle yemeğini atlamıştım. Tatlı safhasında zorlansam da hallettim. Usulca kendimi tebrik edip etrafımdakilere fark ettirmeden karnımdaki şişliği hafifletmeye uğraşırken bir tabak daha belirdi önümde. Koca bir mandalina, dev bir elma, portakal ve her nedense bir adet salatalıktan oluşan bir meyve kulesi. Tam bir lokma daha alacak halde değilim diyerek reddedecektim ki, herkes göstermelik de olsa azıcık yemeğe uğraşıyordu. Ağzıma ufak bir parça elma attıktan sonra koltukta gösterdikleri yere doğru sürünerek de olsa varabildim. Yaklaşık yedi saat kadar sonra gitme vakti gelene kadar yerimden kıpırdamadım.

Kayseri'de Ramazan ayı boyunca tatlıdan sonra salatalık servis etmek ya da ziyaret sürelerini bir hayli uzatmak olağan karşılanıyor. Orada yaşadığım süre boyunca birkaç kez *iftara* katıldım. Gideceğim yere ikindi vakti saat dörtte varıp, akşam yemeğini beşte yiyince çoğu zaman evdekilerden ödünç aldığım pijamaları giyip misafirlere mahsus çekyatta geceyi geçirmişliğim vardır. Öte yandan İstanbul hem modern, hem türlü türlü insanın yaşadığı bir yer olduğundan oruç tutan da var tutmayan da. Tam rakam veremeyeceğim ama özellikle Ramazan sıcak yaz aylarına denk geldiğinden, geçmiş yıllara kıyasla sanki daha az insan oruç tutuyor gibi. Oruçlu ya da oruçsuz olun, İstanbul'da Ramazan'ın hala ayrı bir yeri var. İnsanlar gönüllerince bir araya gelip vakit geçiriyor, sahip oldukları şeyleri hatırlayıp şükrediyor, belediyeler yoksullara ücretsiz yemek dağıtıyor, Sultanahmet ve Eyüp ise farklı bir çehreye bürünüyor.

Çoğu turistin "gerçek" Türkiye'yi deneyimlemek için gittiği Sultanahmet bana yabancı gelir. Tarihi camilerin ve sarayların yer aldığı güzel bir muhit olmasına rağmen, Batılıların tasavvuruna hitap ederek mistik bir Doğu vaat eden, Disney versiyonu bir Türkiye izlenimi veriyor bana burası. Bir tek, Sultanahmet'in yeniden Türklere ait olduğu Ramazan'da bu hisse kapılmıyorum. Eski Hipodrom'un yer aldığı açıklık piknik masaları ve *döner kebab* gibi yiyeceklerin satıldığı tezgahlarla dolarken gece vakti şenlik başlar. Hava kararmadan epey önce yüzlerce aile yerini alır, önlerine su şişeleri, en iyisi *Medine Hurması* olarak bilinen Suudi Arabistan menşeili hurmalar ve yemekler serili, sabırla *iftar* olmasını bekler. Masa kapamayanlarsa her ihtimale karşı getirdikleri kilimlerin üzerine usturuplu bir biçimde oturur. Normalde Batılı turistlere servis yapan pek çok restoranda masa bulmak için sabırla sıraya dizilmiş sohbet eden insanlar dahil, ortama bir heyecan ve beklenti hakimdir. Başörtülü, *pardesülü,* mütevazı giyimli, genci yaşlısı bir sürü kadın için Ramazan demek yaşadıkları şehri gezip görme, arkadaşlarla buluşma fırsatı demektir. Son dakika rasgele restoran seçmeye alışmış, uzun kuyrukları görünce afallayan turistler eğreti halleriyle dikkat çeker.

Yemekten sonra herkes Türk el sanatlarının teşhir edildiği onlarca mekânı gezer. Keçenin, telkarinin, enfes hüsnühat işlerinin yapılışını izleyebilir; el hüneriyle şekillenen bakır cezvelerden, çobanların giydiği deri yemenilerden, narin dantel işlerinden satın alabilirsiniz. Hala yiyecek yeri olanlar ise pamuk şeker, *helva* ve keçi sütünden dondurma gibi tatlıların keyfini çıkarabilir.

Haliç'i geçip Eyüp'e gelince Ramazan'ın tadına ayrı varır insan. Geçtiğimiz yirmi otuz yıl içinde Eyüp baştan aşağı kara *çarşafa* bürünmüş kadınlarla, aşırı dindarlıkla ve farklılıklara karşı hoşgörüsüzlükle anılır oldu. Ancak oruç ayı boyunca, muhitle aynı ismi taşıyan meşhur camiye yüzlerce insanın akın etmesiyle burası adeta büyüleyici bir hal alır. Her akşam, aile ve eş dostla edilen *iftardan* önce ve sonra caminin dış avlusuyla etrafındaki meydan namaz kılmaya gelen insanlarla dolup taşar. İç avluda ise, vaktiyle yeni bir hükümdar tahta çıktığında Kılıç Kuşanma Merasimi'nin düzenlendiği platformun üzerinde iki dev çınar ağacı yükselir hala. Bu gelenek Fatih Sultan Mehmed dönemine uzanıyormuş. Dini bütün halk buraya camideki türbeleri ziyaret etmek için de gelir.

Bu ay, normal alışkanlıkların askıya alındığı, planların "bayram sonrasına" bırakıldığı fevkalade bir ay. Çoğu insan gece geç saatlere kadar dışarda kalıp farklı sebeplerle ama hep sevdikleriyle beraber vakit geçirir. Yazın bazı aileler piknik örtüleri üzerinde tüm gece kamp kurup, sabah vakti Boğaz'dan esecek meltemleri bekler. Bazılarıysa yakınlardaki Feshane'de bütün geceyi çarpışan otoların tepesinde geçirir. Bir keresinde burada ekstra pamuk şeker ve dondurmalar satılan; minibüste üç boyutlu sinema, tabancayla hedef vurma, dart oynayıp peluş oyuncak kazanma gibi eğlencelerin düzenlendiği bir panayır kurulmuştu. Duaların kabul olduğu rivayet edilen *Kadir Gecesi'nde* ise tüm gece uyanık kalıp ya *namaz* kılınır ya da Kuran okunur. Camiler şehrin dört bir yanında minareleri arasına geçirilen mahyalarla ışıldar. Önceleri modern Türkçeyle *"Bayramınız Kutlu Olsun"* yazan bu mahyalarda artık eskiye gönderme yapılarak *"Bayramınız Mübarek Olsun"* yazıyor. Dil, yıl, mekân ne olursa olsun Ramazan'ın anlamı ile verdiği mesaj ise değişmiyor.

KURBAN

Türkiye'deki adetlere göre tüm Müslümanlar *Kurban Bayramı* olarak bilinen dini bayrama Hz. İbrahim'in anısına ithafen dana, koç veya keçi keserek başlar. Bu bayramın neticeleriyle ilk kez karşılaştığım zamanı çok net hatırlıyorum. Zeytiniyle meşhur Gemlik'te bir öğrencimin evinde misafirdim. Memleketi Türkiye'nin doğusundaydı, birkaç tane abisi vardı, bayramı en büyüğünün yanında geçiriyordu. Volkan'ın iki odalı mütevazı bir dairede yaşayan *abisi* ve yengesi benim ziyaretim şerefine evdeki tek yatak odasını bana ve partnerim Kim'e vermişti. Görgü kurallarına uymak adına birbirimize karı koca diye hitap ediyorduk. Üçünün de salondaki sert, insanı kaşındıran koltuklarda uyuyacağını öğrenince çok rahatsızlık duyduk ama bizim yatak odasında kalmamızda ısrar ettiler.

Gün boyunca şehri dolandık. Marmara Denizi kıyısındaki bu kentin yerli halkı, sahil boyunca sıralanmış bir dizi çay bahçesinde çaylarını yudumlayıp, art arda sigara tüttürerek vakit geçirir. Geniş dallı ağaçların yere doğru sarkan yaprakları altında genç aşıklar ihtiyatla gezinirken, sevgilisi olmayan genç erkekler koya demirlenmiş balonları hedef alarak ateş etme hünerlerini sınar. Kim Volkan'la yarışmayı reddetti ama ev sahibimizin keskin nişancılığını yürekten alkışlamayı ihmal etmedi.

Eve döndüğümüzde Volkan'ın *yengesi* mükellef bir sofranın başında bizi bekliyordu. Oturup birer birer çorba kaselerimizi getirmesini bekledik. Kaseler masada yerlerini aldıkça mide bulandırıcı, tuhaf bir koku sezdim. Önüme baktığımda birkaç gün bekleyip küf tutmuş bulaşık suyuna benzer gri, bulanık bir sıvı gördüm. Volkan yemeğe başlamamızı söyleyince istemeye istemeye kaşığımı kaseye daldırdım. Kim'le ben bu sıvıdan hepi topu bir yudum alabildikten sonra kaşıklarımızı masaya koyduk. Tam bu esnada çorbamın yüzeyinde göze benzer bir şey belirip yavaşça yuvarlanarak kayboldu. Kaygıyla bakıştık Kim'le. Kabalık etme niyetinde değildim ama masaya kusmayı da istemiyordum, kaldı ki çorba önümde durmaya devam ettikçe bu ihtimal artıyordu. Kim de en az benim kadar endişeli gözüktüğü için, ikimiz de gayet itinayla daha fazla yiyemeyeceğimizi söyleyip şiddetle özür diledik. Çorbayı böyle ciddiyetle reddedişimizi ilkin derin bir sessizlikle karşıladılar. Tam çok ayıp ettik diye düşünürken, üç ev sahibimiz neşeli bir kahkaha patlatarak hevesle çorbaları aldılar önümüzden. Hiç ayıplamamışlar. İkram edilen *kelle paça* çorbası gövdenin baş ve sakatat gibi kısımlarından yapılıyormuş. Hiçbir parçanın ziyan edilmediği bu yemek son derece lezzetli kabul ediliyormuş.

Türkiye'de geçirdiğim bir sonraki *Kurban* orta Anadolu'da bir devlet üniversitesinde çalıştığım döneme denk geldi. Öğrencilerime bakılırsa Suudi Arabistan'da genellikle deve kurban edilirmiş. Bunun pratikte ne manaya geldiği akıllara durgunluk verse de, bugünlerde çok az insan bu denli heybetli bir jestte bulunabilir. Hayvanınız ne olursa olsun, kesim usulü ve zamanına ilişkin çok katı kurallar mevcut. Kurban dört gün süren bayramın dördüncü günü ikindi namazına kadar kesilmek zorunda. Üç eşit paya bölünerek dağıtılacak olan et öncelikle doğranıp kıyılır. Üçte bir pay yakın akrabalara ikram edilir, biri daha uzak akrabalara, son pay da yoksullara verilir. Bayrama birkaç hafta kala umulmadık yerlerde, yani şehrin dışında kalan Talas ilçesine doğru giden caddenin üzerinde büyük bir otoparkın yanındaki boş arazide ve hep geçtiğim otobüs duraklarının kenarında koyun sürülerine rastlamıştım. Talas'ın eskiden köy olduğu dönemde, Kayseri'ye bağlanan tek yolun üzeri sık sık dört metreye varan karla kaplandığında yöre halkının şehirle ilişiği kesilirmiş.

32

Büyükbaş hayvanlar şehrin harabeye dönmüş bu kenar mahallesinde lastik ve keresteden yapma üstünkörü ahırlarda barınırmış.

Birkaç yıl öncesine kadar kurban kesim ritüeli mahalle parklarında, kapı önlerinde, neresi uygunsa orada uluorta gerçekleşiyordu. Bir süre önce böyle gelişigüzel kan dökmek yasaklanarak ciddi cezalar getirildi. Bayram yaklaştıkça televizyonlar sık sık bu kanun değişikliğini duyurarak yasağı çiğnemenin mali bedeline dair halkı uyardı. 2003 yılında sokakta ya da belediyenin izin vermediği açık arazilerde hayvan kesmenin cezası bin beş yüz Avustralya doları civarına yükseltildi. O dönem bu rakam asgari ücretin iki buçuk katına denk geliyordu. Amaç kurban kesimini kontrol altına alıp mecbur meydana gelecek kıyımı belli kurallar çerçevesinde ve hijyenik şartlarda yürütmekti. İstanbul'da oturduğumuz vakit, bir hipermarketin yanındaki dev otopark açık hava mezbahası olarak kullanılıyordu. İstanbullu arkadaşlarımız buranın kışın uygun olduğunu, ama *Kurban* bayramı yaza geldikçe havadaki kesif kurumuş kan kokusun haftalarca gitmediğini söylerdi. Yaşı genç pek çok İstanbullu artık kurban kesmektense yoksullara doğrudan para yardımında bulunarak, daha pratik bir yöntem izlediğini düşünüyor.

Günümüzde artık Müslümanların çoğu zaman renkli kurdelelerle, kuşaklarla donattıkları hayvanlarını belediyenin izin verdiği mezbahalara götürmesi bekleniyor. Burada hayvanı ya kendileri kesiyor ya da mezbahada bulunan bir kasaba kestirebiliyorlar. Yakın zamanda ise bu yöntemlere bir yenisi eklendi. Hayvanlarını büyük süpermarketlerin arka tarafına götürenler, kasaya geçip parçalara ayrılan etlerini bekliyorlar. Her ne kadar tartışmaya yol açsa da, artık kredi kartı kullanılarak da kurban satın alınabiliyor. Eğer kart sahibi borcunu herhangi bir faiz işlemeden ödeyebilirse, İslam doktrinlerine aykırı bir durum çıkmıyor ortaya. Aksi takdirde yerine getirilen farzın manası kalmıyor, zira Müslümanların kredi faizine dayalı işlem yapması yasak ve kredi kartı faizi de bu kurala dahil. Ödeme şekli ne olursa olsun pahalı bir ibadet kurban kesimi. Hayvanın ücreti dışında bir de kesim bedeli ödeniyor. Bu bedeli ödemek istemeyen ya da maddi durumu elvermeyen insanlar, kanuna karşı gelerek kendi hayvanlarını kendileri kesmeye devam ediyor.

Kayseri'de *Kurban Bayramı* İstanbul'dakine nazaran daha yakından tecrübe ettiğimiz bir bayram oldu. İstanbul'da en fazla bayrama birkaç hafta kala bir dana böğürmesi duymuştuk. Yanımızdaki apartmanın çatısında tutulan hayvan, bizi muntazaman sabah beşte uyandıran tavuklarla bir olmuştu. Kayseri'de yaşadığım dönem, kent sakinlerinin çoğu köyden on yıl kadar önce gelmişti. Benzer tüm geçişlerde olduğu gibi, kent ortamına pek uymayacak kimi alışkanlıkları da beraberinde getirmişler.

Bir *Bayram* günü Kim'le kampüsteki lojmanımızdan çıkıp, yere sabit bir kayadan devşirme merdiveni tırmanarak üniversitenin sınırını çizen çitten atladık. Yoğun kar yağışları ertesinde yeniden inşa edilen, derme çatma bir merdivendi ama o gün bizim işimizi gördü. Niyetimiz üniversitenin bitişiğindeki anayolda keyifli bir yürüyüşe çıkmaktı. Ancak Talas banliyösüne vardığımızı söyleyen süslü köprüyü geçtiğimizde, kesilen kurbanların bıraktığı büyük kan gölleriyle karşılaştık. İslami usullere göre hayvanın boğazının kesilmesi ve kanının iyice akıtılması gerekiyor. Eğer bıçak omuriliği tamamen keserse et *helal* olmaktan çıktığı için, *kurban kesim* ritüelini yürütmek ciddi bilgi ve beceri gerektiriyor. Devletin uyarılarına rağmen hala pek çok kişi, paradan tasarruf etmek için mi hünerlerini ispat etmek için mi bilinmez, kendi kurbanını kendi kesmeye uğraşıyor. Sebebi her ne olursa olsun, o sene bayramın ilk günü sonunda ülke çapında iki kişi kalp krizinden ölmüş, 1392 kişi de bıçak kazalarıyla yaralanmıştı.

Bir de apartmanlarının bodrum katında hayvanların derisini yüzen, eti dilimleyip bölüştüren insanlar gördük. Özellikle eğer dana kesilmişse iyice kalabalıklaşan aile gruplarında kadınlar ve erkekler birbirinden tamamen ayrı çalışıyorlardı. Erkekler ellerinde balta kaburgayı ve büyük kemikleri parçalamaya uğraşırken, kadınlar da sakatatı ayırıyordu. Kimileri çoktan ateş yakmış, yeni kesilen eti pişirmeye başlamıştı bile. Talas'ta çocuklar ortalıkta dolanıp ellerinden ne geliyorsa yardım ediyordu. Manzara sanki yeterince ucube ve gerçeküstü değilmiş gibi, çocukların bir kısmı kovalamaca oynuyor, metrelerce çiğ bağırsağı başlarının üzerinde tutup, kendilerinden daha ufak ya da daha ürkek kardeşlerini korkutarak kahkahaya boğuluyordu. Televizyonlarda, çocukları böyle bir kıyıma maruz bırakmanın ne tür tehlikeler doğurduğunu anlatan çocuk psikologlarının çağrısına rağmen, genel itibarıyla benim gördüğüm çocuklar birkaç hafta bolca et yeneceği için çok sevinçliydiler. Anneleri yeni pişmiş ciğerden yemeleri için çağırdığında hiç huysuzlanmadılar. Asıl dertleri kendi paylarına düşen eti kapmaktı.

Talas yolu boyunca yol kenarında gayet düşük bir ücret karşılığında et kıyma makineleriyle koç etinden *köfte* çıkaran adamlar vardı. Her *büfenin* yanında biri bekliyordu. Kayseri'de *büfeler* otobüs bileti, ekmek, sigara ve benzeri ıvır zıvırların satıldığı, sökülebilir kutulardan yapmaydı. Babalar ve oğullar, ellerinde taze et dolu poşetlerle kaldırım kenarına ve *büfelerin* civarına dizilmiş sabırla beklerken, kasapların tamamı açık, harıl harıl iş yapıyordu. Keskin bıçaklarla sokakları dolaşan adamlar etrafa ustalıklarını ilan ederken; elleri, kıyafetleri kan lekeli insanlar bir oraya bir buraya koşturuyor ya da tıka basa et dolu poşetleri taşıma görevini tamamlamak üzere otobüs duraklarında bekliyordu. Birbiriyle alakasız birkaç grup erkek ayak uçlarında bir yığın koyun postuyla, derisiyle soğukta bekleşiyordu. Bir yandan kamyonlara yüklenmiş danalar ve koyunlar kesime giderken, tıklım tıklım dolu aile arabaları şenlikli ama biraz da dehşetli bir edayla kamyonları takip ediyordu. Yol kenarında gölgede kalmış yerlerden balta vuruşlarıyla parçalarına ayrılan hayvan kemiklerinin sesi yükselirken, kesif kan kokusunu duyan *Kangal* köpekleri karla kaplı dağlardan inmiş, artıkları süpürmeye çalışıyordu.

Kurban kesimi haricindeki bir başka adet insanların birbirine ziyaretleri. Büyük kalabalıklar ellerinde çikolata kutuları yola düşer, çaya gidip kendi getirdikleri çikolatadan yer. En önce büyükleri ziyaret etmek adettendir, sonra yakın zamanda kaza gibi kötü ya da doğum gibi iyi bir haber almış kişilere gidilir. Çoğu kez bir saat kadar önce ziyaret edilen kişilerin ağırlandığı bu dört gün boyunca evden eve koşuşturma yaşanır.

Kurbanın ikinci günü Kim'le şehir merkezindeki iş arkadaşımız Sezen'e gittik. Talas'a kıyasla daha sakindi burası ama kesilen kurbanlar hala hissediliyordu. Köşeyi dönünce hayvan derilerini toplayan adamların hepsini karşımızda bulduk. Etraflarında kan içinde tabaklanmış derilerle dolu ev yapımı el arabaları, ayakta dikilmiş çay içiyor, sigara tüttürüyorlardı. Yanlarında ağzına kadar dana kuyruğu dolu bir çöp vardı. Şaşırdım, zira Türkiye'de pek bir şey ziyan edilmez, kuyruktan da istifade etmek nasıl kimsenin aklına gelmedi acaba? Artık dört bir yanımızı saran kandan, et dolu poşetlerden rahatsızlık duymaz halde *dolmuş* durağına gelene dek yürüdük. Yolcuların külüstür minibüse binmesini beklerken, çifte ambalajlı ağır bir poşet taşıyan bir adam geldi yanımıza. Adamın genelde ayakta giden yolcular için ayrılmış bölüme titizlikle koyduğu poşet tabii ki et doluydu. Sezenlerin evindeyse buna benzer içi et dolu poşetler balkondan taşıyordu. Kocası Esat'la erkek kardeşleri danaya girmiş. Etin dağıtımını takip etsin diye Esat'ı seçtiklerinden pek çok şeyi onun kontrol etmesi gerekiyormuş. Bu son derece ciddi bir görev olduğu için haliyle yanımızda az vakit geçirebildi. Önce tüm payların eşit olup olmadığına baktı, sonra da Sezen'e sorup hangi etin nereye gideceğini teyit etti. Etler önce her ikisinin de ailesine, sonra da onlar işteyken çocuklarına bakan kadının ailesine verilecekti. Pek çok Türk ailesi yıl boyunca böyle kıyafet ya da yiyecek hediye ederek yoksul ailelerin yardımına koşar. Camilere bağış yaptıkları da olur. Camilerin çoğunda yoksullara çeşitli usullerde yardım eden bir vakıf bulunur. *Kurban'da* donmuş et bağışlarını kabul eden bu vakıflar ilerleyen aylarda bu etleri aşevlerinde pişirip dar gelirli kimselere dağıtır.

Çoğu ülkede olduğu gibi, belli bir emtiaya talep ne kadarsa fiyat da o denli artar. Esat ve kardeşlerinin dana kesimi hissesi kişi başına üç yüz milyon Türk Lirasıymış, ki bu da üç yüz dolara tekabül ediyor. O zamanlar ortalama bir maaş altı yüz dolara denk geldiğinden, herkes bu masrafı kaldıramıyordu. Kesimden hem önce hem de sonra pazarlık edilirdi. Ödemeyi sonraya bırakmak normal olduğundan nihai fiyat genelde birkaç güne belli olurdu.

Kan, sakatat ve çikolata dolu dört günün ertesinde işe döndük. Neyse ki okulda *Kurban* merasimi yanaktan öpüşme, el sıkışma ve biraz daha çikolata yemekten ibaretti. Arkadaşlarımız tüm bu curcunadan iyice bitap düşmüş olmakla beraber hallerinden gayet memnundular. Kayseri halkının bayram sonrası bir ay boyunca sebzeye dokunmayıp tıka basa et ve çikolata yediğini herkes bilir. Elbette süpermarketlerde kırmızı et bulmak hiçbir surette mümkün olmaz. Tam bu dönemde en büyük iki tavuk tedarikçisinden biri iflas ettiğinden tavuk fiyatları da fırlamıştı. Şansımıza şehrin tek alışveriş merkezindeki süpermarkette hindi kalmıştı da, tavuğun yarı fiyatını ödeyip sık sık hindi almaya başlamıştık.

HER ŞEY VE DAHA FAZLASI

Sabah Akşam

Söylendiği gibi Perşembe akşamı dokuz buçukta fakültenin otoparkına vardık. Dakikliğe pek önem vermeyen öğrencilerin hepsini tam vaktinde görmek şahaneydi. Pek çoğu ebeveynleriyle geldiğinden baş döndürücü sayıda anne, baba, kız kardeş, erkek kardeş, teyze ve amcayla tanıştırılmıştık. Hatta birinin büyükannesi ve büyükbabasıyla bile tanıştık. Herkesin üzerinden çantalar, yastıklar, yolluklar sarkıyordu. Organizasyon komitesinden Zeynep çantalarımızı alıp valiz bölmesine yerleştirdikten sonra koltuklarımızı seçmek üzere bizi otobüse bindirdi. Kalkmamıza daha on beş dakika vardı, sigara içmek için tekrar aşağı indik. Bizi gören öğretmenlerden Fikret uzaktan el salladı, yanına çağırdı.

"Kim, Lisa, iyi akşamlar. Nasılsınız?"

"İyiyiz Fikret, sağol." dedi Kim. "Heyecanlı mısın geziye çıkacağımız için?"

"Evet. Öğrenciler güzelce eğlenecek ama biz epey yorulacağız gibi duruyor," diye ekledi otobüse bakarak.

Camların ardında herkesin yerini aldığını, gitmeye hazır olduğunu gördük. Öğrencilerden cesur olan birkaçı biz de otobüse binelim diye el etti. Saat tam onda hareket ettikten sonra birkaç dakika oldu olmadı, yolluklar açıldı, ikrama başlandı ve arka koltuklardaki öğrenciler şarkı söyleyip dans etmeye başladı. Öndeki birkaç öğrenci mırın kırın etti ama itirazları gürültüye değil, şarkıyaydı. Kısa ama şiddetli bir münakaşadan sonra yeni seçilen şarkıya herkes eşlik etti.

Kot pantolon ve bol kazaklı bir kız öğrenci "Merhaba hocam," dedi, "Kek ister miydiniz?"

"Merhaba Kübra." dedi Kim. "Lisa, Kübra'yla tanıştırayım seni, kompozisyon dersine giriyorum." Hafifçe başımı eğip selamladım. "Geziye katılacağını bilmiyordum," diye ekledi Kim. "Sadece üçüncü ve dördüncü sınıflar için düzenlendi bu gezi sanıyordum."

"Dördüncü sınıflar düzenledi ama isteyen herkes katılabilir dendi. Ama ikinci sınıftan bir tek Emel'le ben varız."

"A, Emel de burada mı?" diye sordu Kim etrafına bakınarak. "Nerede oturuyorsunuz?" Kübra otobüsün önüne doğru işaret edince koltuktan bir baş yükseldi. Emel güleryüzle Kim'e el sallayarak selam verdikten sonra alçalıp gözden kayboldu. Kübra'nın kısa saçlı, oğlan çocuklarını andıran giyimini andıran halinin aksine Emel'in saçları uzundu ve üzerinde kabarık, pespembe bir kazak vardı. Biz sohbet ederken öğrenciler bir aşağı bir yukarı dolanıp annelerinin şefkatle hazırladığı kekleri, kurabiyeleri, diğer atıştırmalık yiyecekleri dağıtıyordu. Şarkı söylemeye devam ediyorlardı ama sesleri biraz azalmıştı. Otobüsün arka tarafında birkaç öğrenci kart oynuyor, öndeki iki kız da koridorda dikilmiş dans figürleri gösteriyordu arkadaşlarına. Çaprazımızda oturan Fikret olup bitenden habersiz uyurken, önündeki tablette ikramlar dağ gibi büyüyordu. Anayoldan çıkıp Kahramanmaraş'a doğru döndüğümüzde aniden uyandım. Kim'i "Dondurma yiyecekmişiz" diye kaldırdığımda saat sabahın üçüydü. Hep beraber otobüsten inip dondurma karıştıran bir adamın yanına gittik. Üzerinde geleneksel bol paça siyah pantolon, yeleğiyle bir örnek rengarenk bir kuşak, başında fes, kostümü tam teşekküllüydü. Beyaz gömleğinin içinden iri kolları gözüküyordu. Kocaman ahşap bir kürekle önündeki harcı karıyor, kasları geriliyordu. Buranın meşhur dondurması keçi sütünden yapılıyor, yapış yapış, uzayan bir kıvamı var. Adam külaha biraz dondurma çaldıktan sonra, ahşap küreğin altına yapışan külahı öğrencilerden birine uzattı. Öğrenci tam almaya kalkarken adam dondurmayı çekti, bizim oğlanın elindeki külah boş kalıverdi. Çocukları eğlendirmek için sık sık başvurulan bir numara bu. Hiçbirimiz çocuk değildik ama dert etmedik, zira adamın leziz tatlımızı çalmayacağını biliyorduk. Yine de çok zevkliydi. Fikret bile katıldı aramıza. Neşeyle dikilip dondurmalarımızı yerken komik pozlar verdik. Bütün öğrenciler hem bizimle fotoğraf çekmek, hem de biz onların fotoğraflarını çekelim istiyorlardı. Çekimin bittiğini işaret etmek için *"çekiyorum"* ve *"çektim"* demeyi öğrendik. Neyse ki Türk dondurması kolay erimiyor. Nerdeyse hepsinin elinde fotoğraf makinesi, toplam elli iki öğrenciyle fotoğraf çekinmek yarım saatten fazla tuttu.

Otobüse binince tekrar dalmaya çalıştık ama öğrencilerin bir kısmı sussa diğerleri başlıyordu konuşmaya. Sabah beş olduğunda herkes tamamen uyanmış, kıpırdanmaya başlamıştı. Kahvaltı vakti geldiğinden yine yolluklar çıkarıldı ve ikrama başlandı. Gün ağarana dek *börek, baklava,* tuzlu hamurişi ve kuruyemiş ikramlarını kabul etmiş, çikolata ve tatlıları reddetmiştik. Yanımızda getirdiğimiz sandviçlere dokunmadık bile. Herkes yanında ne varsa paylaştı, arkadaki öğrenciler yine şarkı söylemeye başlayınca da kimseden itiraz gelmedi. Saat tam dokuza gelirken meşhur bir Tarkan şarkısının *a capella* versiyonu eşliğinde Mardin'in eteklerine vardık. Aydınlık, bulutsuz bir gündü. Klimaya rağmen havanın daha bu vakitten çok sıcak olduğunu hissedebiliyorduk.

Tüm gece yiyip içilmesine rağmen öğrencilerin varır varmaz ilk yaptığı şey şoförden öğle yemeği tavsiyesi almak oldu. Hararetli tartışmaları bittiğinde eski Mardin gözükmeye başlamıştı ama biz tam aksi istikamete döndük. Şoför keskin virajlarda manevra yaparak yokuş yukarı çıkarken yarı yolda, gölge altına masa atmış ufak bir lokantanın önünde durdu. Güya yalnızca organizasyon komitesi lokantanın mutfağını yoklayıp fiyatları soracaktı ama herkes iniverdi otobüsten. Kızların çoğu gibi ben de sıkışmıştım. Lokanta sahibi memnuniyetle tuvaletlerini kullanabileceğimizi söyledi. Herkesin işi bitince saat iki civarında yemeğe gelmeye karar verdik.

Kısa bir süre sonra otobüs bizi Eski Mardin'in ana meydanında bırakınca, herkes sıcağın ortasında nereye gideceğini bilmeden dikilmeye başladı. Mardin Türkiye'nin güneydoğu köşesinde, Suriye sınırına yalnızca yirmi kilometre uzak bir şehir. Altın sarısı kumtaşıyla inşa edilmiş düz damlı, birbiri ardı sıra dizilmiş evleriyle; zarif oymalı camileri ve *medreseleriyle* meşhur Mardin. Nüfusu farklı

45

mezheplere mensup Müslümanlardan, Kürtlerden, Hıristiyanlardan ve başka dinlerin cemaatlerinden oluşuyor. Haliyle görecek, yapacak çok şey olduğundan Kim'le benim geç kalmaya niyetimiz yoktu. Öğrencilerin hangi taraftan gidileceğini herkesi memnun edene kadar biteviye tartışacaklarını bildiğimizden, hızla kendi yolumuzu tuttuk. Önce bir çay içmek istedik. Ana caddeye çıkıp yakınlarda bir yer buluruz diye düşündük. Çok geçmeden büyük bir aile çay bahçesine rastladık. Başka bir binanın sokağın hizasındaki çatısına kurulu bu mekânın terasında muazzam bir ova manzarası karşıladı bizi. Bitişikteki caminin harikulade oymalı minaresinin yanında, asma yaprakları altına oturduk. Mekanın sahibi sıcakkanlı biriydi, çay da yeni demlenmiş, taze nar suyu gibi parlıyordu. İkişer bardak çayın verdiği zindelikle yolun karşısındaki kumtaşından inşa edilmiş postaneye bakmaya gittik. Çatı katındaki avluya çıktığımızda, binanın tarihçesini anlatan ziyaretçi bir öğretmeni dinlemeye koyulduk. Emanetindeki öğrenciler belli ki sıkılmışlardı. Binanın aslen 17. yüzyıldan kalma bir *kervansaray* olduğunu öğrendiğimizde gençlerin ilgisi ellerindeki telefonlardaydı. Bizse gayet istekli dinleyiciler olarak öğretmen konuşmasını bitirene dek ona kulak misafiri olduk.

Postaneden ayrıldıktan sonra sokağın öteki tarafındaki merdivenlerden tırmanıp evlerinin önünde iş yapan kadınların yanından geçtik. Samimi gülücüklerine karşılık başımızla selam verdikten sonra çantamızdaki notları kurcalayıp *Sultan İsa Medresesi'ne* nasıl gidebileceğimizi sorduk. Yaşlı bir adamın yardımıyla heybetli, oyma bir kapıya varan dik, mermer bir merdivene çıktık. Kapı kapalıydı ama hazır bu kadar yüksekteyiz, bir yandan da meltem esiyor, durup bir sonraki adımımızı burada planlayalım dedik. Aşağıdaki yoldan geçen adam bize ne yaptığımızı sorduğunda *medreseyi* görmeye geldiğimizi söyledik. Binanın altı yüz elli yıllık olduğunu söyledikten sonra içeri girmek ister misiniz diye sordu. Elbette evet dedik. Adam bizi nezaketle başka bir girişe götürdü. Binaya girdiğimizde iç avluyu hortumla yıkayan adamlara selam verip dar bir merdivenle yukarı çıktık. Rastladığımız her aralıkta Suriye'ye doğru uzanan solgun, kızıl ve kahverengi ovalar sıcakta hafif hafif parıldıyordu. Tepeye vardığımızda gördüğümüz manzara ise nefes kesiciydi. Postanede rastladığımız öğrenci grubu bizi irkiltip düşlerimize son verene dek zamanın nasıl geçtiğini bilemedik. Grup avluya doluşmaya başladığında başka bir çıkış bulup caddede ilerlemeye devam ettik.

Herhangi bir istikamet seçmeden, şehrin daracık sokaklarını birbirine bağlayan onlarca basamağı inip çıktık. Meşakkatli bir yürüyüş oldu, hava da sıcaktı. Devasa bir ferforje kapıya doğru yükselen geniş merdivenlere geldiğimizde daha fazla ilerleyemeyeceğimi anladım. Kim'in ısrarıyla ağır ağır son basamağa kadar çıkınca karşımda yükselen lise binasının güzelliği ise mükafatım oldu. Bizi fark eden kız öğrenciler hevesle yanımıza gelip konuşmak istediler. Ancak bu yüz yıllık binanın mimarisine dair sorularımıza cevap vermeye istekli görünmediklerinden, çok geçmeden geri döndüler.

Ana caddeye inince bu sefer başka bir merdivenden aşağı yürüyüp çarşıya geldik. Badanalı kumtaşı binalardaki ufak dükkanlarında torba torba tuz, tarım malzemeleri ve canlı hayvan satan tüccarlarla doluydu pazar yeri. Ortama kesif bir kan kokusu hakimdi. Köşeyi döndüğümüzde kasaplara rastladık. Adamlar harıl harıl duvardaki kancalara geçirilmiş bütün karkaslardan parça et kesip derme çatma kasaların önünde bekleyen ev hanımlarının siparişlerini tamamlamaya uğraşıyordu. Hemen ileride, birkaç yan yolun birleştiği ufak bir

48

meydanda hamallar kalabalığı yararak ilerliyordu. Hepsinin önünde kurdelelerle, dokuma heybelerle rengarenk süslenmiş, yüklü birer eşek vardı. Tablo gibi bir manzaraydı. Yanımdan geçen kalabalık biraz dağılsın da fotoğraf çekeyim diye sabırla bekledim. Tam vazgeçecektim ki yerel halktan biri herkesi bir hışımla durdurup fotoğrafımı *çekmem* için bana işaret etti. Ana caddeye tekrar çıktığımızda deri kamçı yapan iri kıyım bir adama rastladık. Makineyi görünce seslenip onun da fotoğrafını çekmemi istedi. Yoldan geçen mahalle sakinleri o biraz delidir diye el etse de adamın fotoğrafını çektim ama gelip yanına oturmamı teklif edince reddettim.

Ana meydana döndüğümüzde birkaç öğrencimize rastladık. Heyecanla bize müzeyi onlara açacak birini bulduklarından, ziyaret planlarından bahsettiler. Biz *Kırklar Kilisesi'ne* gitmeyi istediğimizden davetlerini geri çevirdik. Kendimizden emin merdivenleri tırmanırken kısa sürede kayboluverdik, yüksek duvarların sakladığı evlerle dizili sokaklarda aylak aylak dolaşmaya başladık. Nereye doğru yol aldığımızı bilemiyorduk, güneş de tam tepemizde olduğundan yönümüzü bulamadık. Tırmanmaya devam ederken bir ailenin bahçesine daldık ama nerde olduğumuzu

49

anlayacak kadar derdimizi anlatamadık. Caddeye inip ümitsizce yola devam ederken nihayet ilk gördüğümüz kişiyi, okuldan dönden bir delikanlıyı durdurduk. Kendi yolundan uzaklaşıp bize memnuniyetle yönümüzü gösterdi. Kilisenin dışı pek görkemli değildi ama iç mekân görülmeye değerdi. Sunağın etrafında antik ahşap tahtırevanlar, arkasında haç ve İsa'nın suretinin şefkat ve özenle nakşedildiği el dikimi bir perde vardı. İçeri girdiğimizde bir grup Belçikalı Hıristiyan ibadet ediyordu. Dışarıda ise İngiltere'den buraya kendi kendilerine hacca gelen bir çifte rastladık. Avluda oturacak yer bulup sigara eşliğinde Hıristiyanlığın nasıl buraya bu kadar nüfuz ettiğine dair fikir yürüttük. Cevap bulamadık ama soluklanıp biraz gölgede oturmak iyi geldi. Yerimizden kıpırdamaya hiç niyetimiz yoktu ama öğrencilerle bir araya gelmek üzere dönüş yolunu tuttuğumuzda otoparktan çıkan bir otobüsün bizi ezmesinden kıl payı kurtulduk. Öğrencileri geç kalmayın diye tembihlerken, asıl bizim zamanın nasıl geçtiğini anlamayıp herkesin kaybolduğumuzu sanmasına yol açmamız da gülünç oldu.

Öğle yemeğinden sonra ilk ibadethanesi M.S. 495 yılına dayanan *Deyrulzafaran Manastırı'na* geçtik.

Dünyada Aramice konuşan az sayıdaki rahipten birkaçı burada yaşıyor. Öğrencilerimizle bekleme kuyruğuna girdikten sonra Suriye'den ziyarete gelen ortodoks rahibine şaşkınlıkla bakakaldık. Baştan aşağı dini kostümlü, etrafı kalabalık bir kortejle çevrili rahip kuyruğun önüne getirildiği gibi içeri doğru kayboldu. Biz de kısa süre sonra aynı yolu takip edip üç yüz yıllık safran işli ceviz ağacı kapıları, iki yüz yıllık piskopos tahtını ve bir o kadar etkileyici diğer tarihi eserleri hayretler içinde seyre daldık. Aramicenin tükenmeye yüz tuttuğunu da bildiğimizden, özellikle İslam haricinde çok az dinin yaşandığı bir ülkede bu denli eski bir yapının içinde bulunmak inanılmaz bir histi. Binanın derinliklerine doğru, sadece kandillerle ve dış duvardaki küçük bir aralık vasıtasıyla aydınlanan, mağaraya benzer bir odaya indik. Rehberin Türkçe söylediklerinden anladığım kadarıyla, eskiden buraya rahipler gelip çoğu zaman günler boyunca ibadet edermiş. Eğer aralıktan içeri giren ilk ışık onlara değerse, bu dualarının kabul olacağına dalaletmiş.

Pozlarımızı verip fotoğraf çekmeyi bitirdiğimizde saat dördü bulmuştu ama gün daha bitmemişti. Otobüse geri dönüp Harran'a doğru yol aldık. Arı kovanına benzer kerpiç evleriyle meşhur bu ufak ilçe ilk bakışta biraz hayal kırıklığı uyandırdı bende. Türkiye'nin kırsal kesimindeki pek çok kasaba gibi yıkık dökük, harap haldeydi. Bir de üstüne üstlük ortalıkta kıyafetimizi çekiştirip para isteyen ufak pasaklı çocuklar vardı. Çocuklardan kaçmak için kale harabelerine doğru koştuk. İçerisi serindi, iyi geldi. Kentin özgün hali ne kadar etkileyicidir kim bilir diye düşündük. Öğrencilerin yanına döndüğümüzde Kültür ve Turizm Bakanlığı'nın tanzim edip bir arada teşhir ettiği arı kovanı şeklindeki evlere doğru gittik. Avluda, başka yerlerde de gördüğümüz yüksek ahşap platformlar vardı. Ayakta dikilip bunlara bakarken, diğer organizatör Ebru yanımıza geldi,

"Öğretmenlerim, daha evvel gördünüz mu böyle bir şey?"

"Evet", dedim, "Ama müzeye dönüştürülmüş evlerde gördüm çoğunlukla."

"O zaman Fatoş'la konuşun. Yani Fatma'yla. Bu civarda doğmuş, size daha fazla bilgi verir. Fatma!" diye seslendi.

"Merhaba," dedi Fatma yanımıza gelince. Simsiyah saçlı, diğerlerinden daha koyu tenli, güler yüzlü bir kızdı. Ebru çarçabuk Türkçe bir şeyler söyledi Fatma'ya, Fatma da anlatmaya başladı. "Birecikliyim ben. Bir sürü

52

çiftlik var bizim oralarda, yazın bu dam ranzalarında uyuruz. Geceleyin serin serin eser yüksekte, o yüzden çok iyi gelir."

"Yazın ne kadar sıcak oluyor burası?" diye sordum.

"Elli dereceye kadar çıkıyor bazen."

"Vay be, hakikaten sıcak oluyormuş," diye haykırdım şaşkınlıkla.

"Evet, ama biz alışkınız. Kökenimiz Suriye'ye dayandığından sıcağı severiz biz."

"Kışın Kayseri epey soğuk geliyordur size o zaman," dedi Kim. Gece eksi otuzlara kadar düşen sıcaklığa dair hisleri gözlerini devirişinden anlaşılıyordu.

"İçeriyi gördünüz mü?" diye seslendi Kübra. Emel'le birlikte yanımızda dikilmiş sessizce bizi dinliyorlardı.

"Yok, güzel mi?" diye sordum.

"Gelin, gelin!"

Kim'le ben on kadar kızın eşliğinde alçak bir kapıdan eğilip serin, loş bir mekâna girdik. İlk oda şal gibi hediyelik eşyalarla dolu bir dükkandı. Ebru önde biz arkada, bize müşteri gözüyle bakan genç adamın yanından geçip birbirine açılan odalara geldik. Nihayet, misafirlere şal ve elbise giydirmesinden turistlere hitap ettiği anlaşılan ufak bir odaya vardık. Biz de süslü, brokarlı kıyafetlere bürünüp çay içmeye oturduk.

53

Üzerimizdeki işlemeleri heyecanla mukayese ettikten sonra sohbet kızların Harran'a dair izlenimlerine kaydı.

"Bence berbat," dedi Zeynep.

"Neden?" diye sordum şaşkınlıkla.

"Dışardaki çocuklarla konuştum, şu kalenin oradakilerle." diye devam etti gözlerini bana dikerek. "Burada bir ilköğretim okulu var, bir de lise. Okula devam etmek için uzun yol kat etmelerine gerek yok ama hepsi turizm işlerine atılmak istiyor. O yüzden okula gitmiyorlar. Kıyafetlerini gördünüz mü? Çok pisler. Mecburiyetten değil, tercihleri böyle. Başka çocukların böyle bir eğitim şansı yokken buradakiler umursamıyor. Çok fena." diye tamamladı sözlerini kaşlarını çatıp.

Diğer kızlar Zeynep'in ciddiyetini alaya aldı ama Ebru'nun sözlerine katıldılar: "Turistler Türkiye'yi böyle tanısın istemiyoruz. Fakir bir ülke olabiliriz ama o kadar da eğitimsiz değiliz!"

Sohbetimiz daha hafif konulara doğru yöneldi, sonra da yaklaşık bir milyon adet fotoğraf çektik. Güzel kızların dikkatini nafile çelmeye uğraşan çaycı oğlan bir ara diz çökmüş fotoğraf çektiği sırada elinden on tane makine sarkıyordu. Dışarı çıkarken dükkanlardaki şallara baktık. Güzel olanları ipekmiş, Suriye'den getiriyorlarmış. Sordum, kaçak yollardan geldiğini söyledi satan oğlan. Her ne kadar o şalları başka yerde bulamayacağımızı söylese de, fiyatlar yanına yanaşacağımız türden değildi.

Akşam yedide öğretmen evine vardığımızda bir hengame koptu. Rezervasyonlarımız üç hafta önceden yapılmış olmasına rağmen, belediye başkanı sonraki gün yapılacak bir tören için odaların yarısına el koymuş. Öğrencilerle organizasyon komitesinin çok canı sıkıldı ama ne dedilerse söz geçiremediler. Israrla tartışmalarına rağmen iki kişi yerine beş kişilik odalara doluşturuldular. Biz öğretmen olduğumuz için şanslıydık, bize ayrı oda verildi. Herkes yerine yerleştiği vakit artık yorulmuş, acıkmıştık. Yakınlardaki bir lokantaya gidip beklemediğimiz derecede güzel bir yemek yedik.

Nihayet saat bire doğru yatmak üzereydik ki Ebru odalarında yüksek sesle şarkı söyleyen sarhoş adamlara gidip hesap sordu. Adamların tavrı onu küplere bindirmişti. Öğretmenlerin böyle davranmaması gerektiğini düşünüyordu.

Cumartesi sabahı gün aydınlanınca erkenden otobüse binip Şanlıurfa yolunu tuttuk. Türkiye'nin güneydoğusunda ıssız, tozlu, yalın ovalar üzerine kurulu bu kentin toprakları dünya genelinde Müslümanlarca mübarek kabul edilir. O sebeple gezip görülecek ana mekânlar son derece özenle tertiplenmiş ve korunmuş. Kutsal balıkların yüzdüğü göle geldiğimizde herkes ekmek aldı, etrafa su saçarak kıvrıla kıvrıla yüzen semiz, tembel sazan balıklarına attı. Kayık kiralayıp kutsal sularda gezinme fikrine yanaşılmazken elbette yeni fotoğraflar çekildi. Öğrenciler kendi aralarında gruplara ayrılıp akşam sekizde göl başına gelme sözüyle dağıldılar. Ebru, Kübra ve Emel'in de bulunduğu on iki kadar öğrenci bizimle vakit geçirmek istediğinden, birlikte İbrahim Peygamberin mağarasına doğru, gölgeleri yere düşen ağaçların arasından yürüdük. Burası Peygamberin Şanlıurfa'da doğduğuna inanıldığı için Müslümanlar nezdinde özel önem arz ediyor. Ben mağaraya daha evvel girdiğimden dışarda bekledim. İçeride ilk çocuğuna hamile kalmak için dua eden ya da çocukları varsa onları kurtaracak mucizeler dileyen bir sürü kadın olduğuna emindim. Mağaranın girişinde ise mütemadiyen, membaı yeraltı nehri olan kutsal suyu şişelerine doldurmak için sıraya girmiş bir kalabalık olur.

Ayşe adında *İstanbullu* pek güzel bir dördüncü sınıf öğrencisi de benimle bekledi. Mübarek toprakları ziyarete gelmiş yüzlerce insan etrafımızı sarmıştı. Kollarında boydan boya altın bilezik dizili Suriyeli kadınların yanında yoksul Türk köylü kadınları vardı,

56

kimi hasta ve dermansız yakınlarını derme çatma tekerlekli sandalyelerde iterken, kimi beti benzi solgun çocuklarını kucaklarına almış, hep birlikte mağaraya doğru ilerliyorlardı. Bu esnada mağaradan çıkan kadınlar başörtüleriyle yüzlerindeki kutsal suyu siliyordu.

"Sen mağaraya gitmek istemiyor musun Ayşe? Çok özel bir yer burası." dedim.

"Evet öğretmenim, biliyorum, ama, işte nasıl desem, adetliyim. İçeri giremem. Günah olur." diye cevap verdi.

Biraz duraksadıktan sonra dikkatlice, "Öğretmenim, siz Allah'a inanıyor musunuz?" diye sordu.

"Hayır inanmıyorum Ayşe." dedim.

"Peki, sakıncası yoksa, neye inanıyorsunuz diye sorabilir miyim? Kabalık etmek istemem ama." diye ekledi mahçup bir tavırla.

"Dert değil. Sorabilirsin. Ben kendime inanıyorum. İyi bir insanım. İyi şeyler yaparsam hayatımın da iyi olacağına inanıyorum."

"Öğretmenim *nazar* boncuğu takıyorsunuz ya, o yüzden sordum," diye devam etti, üstüme iğneyle tutturduğum mavi boncuğu işaret ederek.

"Dünyada kötülüğün olduğuna inanırım Ayşe, korunmaktan da bir şey çıkmaz. Sende de var *nazar* boncuğu bakıyorum."

"Evet, çok severim nazar boncuğunu. Çok var bende."

"Ne kadar çok?"

"Yirmi beş tane olması lazım. Nerede görsem alırım." Şaşırtmadı bu söylediği. Kendi tarzını Batı trendleriyle yaratan pek çok *İstanbullu* kız aynı zamanda son derece dindardır. Bir yandan iyi eğitimli, bir yandan da sağlam bir ahlaki eğitimden geçmiş olmanın avantajını taşırlar. Bizim gruptaki kızlar mağaradan çıkana dek biraz daha devam ettik sohbete. Erkeklerin tarafından çıkacak öğrencileri beklerken Zeynep şimdi nereye gidelim diye sordu.

"Önce *Ulu Camii'yi* bulalım derim, sonra da isterseniz kapalı çarşıya gideriz." Alışveriş lafını duyunca gözleri parladı hepsinin.

"Neden *Ulu Camii'yi* görmek istiyorsunuz öğretmenim?" diye sordu üçüncü sınıflardan Yasemin.

"On ikinci yüzyıldan kalma eski bir camii. Suriye üslubunda, benim çok hoşuma giden bir mimari tarzda inşa edilmiş."

"Ne çok şey biliyorsunuz öğretmenim," dedi Kübra samimiyetle.

"Teşekkür ederim. Bir şeye ilgi duyduğumda daha fazlasını öğrenmek için o konuyla ilgili şeyler okurum." dedim.

Kale duvarlarına bakan, rengarenk gül bahçeleriyle eski ahşap bir su çarkının yer aldığı, itinayla şekil verilmiş çimlerin arasından ilerledik. Dairesel bir güzergah izleyen yol sazan balıklarının yüzdüğü göle varıyordu. Yarı yolda durup ihtiyaç molası vermek isteyince Ebru tuvaletin nerde olduğunu sordu birine. Caminin de adresini sordu. Tuvaleti bulmayı başarınca caminin adresini tekrar sordu. Adamın dediklerini teyit edercesine başını salladıktan sonra bize döndü ve, "Bir kez daha sorayım." dedi.

"Niye ki?" diye merak etti Kim.

"Yolu bilmeyenler bile adres tarif etmeye kalkar bazen. Doğru olsun olmasın illa bir şey söylerler. Üç kişiye sorarsam anca emin olurum." Ebru'nun tecrübesi işe yaradı. Çok geçmeden camiye vardık.

Avluya girer girmez öğrenciler mimariye gıptayla bakakaldılar. Çoğu Türkiye'deki heybetli camilerin süslü dış cephelerine alışkın olduğundan, bu binanın sadeliğinden, mütevazılığından çok etkilendiler. Yanımızda getirdiğimiz eşarpları çıkarıp düzgünce başımızı örttük ve içeri girdik. İbrahim'in mağarasında olduğu gibi Ayşe yine bu sefer ona eşlik eden bir kız arkadaşıyla dışarıda bekledi. Caminin içi dış cepheyle örtüşüyordu. Vakit kaybetmeden dışarı çıktık. Eski bir *çeşmeden* şişelerimize su doldurup, yorgun ayaklarımızı dinlendirmek üzere bir süre oturduk. Tam hafif hafif esen meltemin, etrafımızı çevreleyen sükunet ve huzurun tadını çıkaracakken, öğrenciler kalkıp eski kapalı çarşıyı bulmak istediklerini söylediler. Yorgun hissetsem de pek aldırış etmedim, zira ben de biraz alışveriş etme niyetindeydim. Yola çıkar çıkmaz devasa tespihlerle şahane bakır süsleri görünce grubun yarısı hemen fiyat sormaya koştu. Kavurucu bir sıcak vardı dışarıda. Güneşin alnında onları beklerken tepem atmadı değil. Neyse ki Ebru durumun farkına vardı da, bir kısmımızı elimizi yüzümüzü yıkayıp serinleyelim diye en yakın tuvalete götürdü. Sonra dosdoğru kapalı çarşıya gitmeye karar verildi. Göz açıp kapayıncaya kadar serin pasajlarda dolanmaya, eski çarşıyı aramaya koyulmuşlardı bile.

Yeni kaldırım taşlarından eski taş basamaklara adım attığımız an sanki tarihte bir yolculuğa çıkmış gibiydik. Çoğu boynuna ya da başına Arap tarzı kırmızı-beyaz ya da siyah-beyaz poşu dolamış bir sürü tüccar ufacık bir mekânda halı, şal ve eskitme bakır kap kacak satıyordu.

Türkiye'nin diğer bölgelerindeki erkeklerin aksine havalı siyah yelekle beyaz *şalvar* giymiş bu adamların pala bıyıklarını görünce kıkır kıkır güldük. Yığınla müşterinin arasından ilerlemeye çalışırken çok tiz ama berrak bir İstanbul aksanı duyduk. Şaşırtıcıydı. Biraz bakınınca tura çıkmış bir grup *İstanbullu* kadına rast geldiğimizi anladık. Küçük *kilimler* satan bir adamı çepeçevre kuşatmış, kıyasıya pazarlık ediyorlardı. Ne kadar istiyor diye sordum kadınlardan birine. "Kırk milyon diyor ama ben otuz vereceğim" dedi. Birkaç kilim bizim de dikkatimizi çelince birdenbire biz de sıkı bir pazarlığa tutuşuverdik. Beğendiğimiz kilimin fiyatı kırk milyondu ama adamı otuz beşten aşağısına ikna edemedik. 35 Avustralya Doları gibi gayet iyi bir fiyata denk geldi ama öğrenciler kazıklanmaya niyetli değildi. Kübra fiyatı daha da indirmesi için adama yalvardı ama adam reddetti. Arkamızı dönüp gitmeye koyulurken bile yüz vermeyince biz de dönüp aldık kilimleri. Grubun geri kalanıyla tekrar buluştuk. Hepsi ağzına kadar şal dolu poşetleri yüklenmiş, Harran'dan başka bir yerde bulamayacağımızı söyledikleri ipek şalların aynısından beşer, onar tane hem de yarı fiyatına almışlar.

Aynı şaldan bir tane kendime, birkaç tane de hediyelik aldıktan sonra çay içmek istedi canım. Eski çarşının hemen karşısında gölgeli bir avlunun ortasında çay bahçesi vardı. İşlek bir *hanın* tam göbeğinde olduğundan, etraftaki binaların üst katında dikiş makinelerinde ter döken adamlarla yanımızdaki masalarda oturan yaşlı adamların bakışları üzerimizdeydi. Kızların çay siparişi tam istediğimiz gibi gelmeyince Ayşe biraz huysuzlandı. Garson çocuk ne yapacağını bilemedi. Tıpkı bize gözlerini diken adamlar gibi hem Ayşe'nin tavrına, hem de kızların buyurganlığına şaşırdı kaldı. Hepsi modern, özgürlüğüne büyük ölçüde kavuşmuş bu kızlar Şanlıurfa'nın muhafazakar erkeklerine biraz fazla geldi. Hoş, istediklerini almak için son çare daha geleneksel yöntemlere başvurup, garson çocuğun ve erkek müşterilerin aklını pırıl pırıl gülücükleriyle çelmeyi de başarmadılar değil. Garson, adamların ısrarıyla birkaç dakikayı geçirmeden taze çaylarla döndü, siparişleri düzeltmişti. Herkes fotoğraf çekmeyi bitirince öğrencilerin bir kısmı alışverişe devam etmek istedi. Kim'le bense sonraki yarım saat boyunca avlunun serinliğinin tadını çıkarıp, grubun tamamı dönünceye kadar güzelce ferahladık.

Yeni alınan her şey gösterilip, poşetlere geri konup topluca tuvalete gidildikten sonra sazanların yüzdüğü göl tarafına gitmek üzere tekrar yola koyulduk. Birkaç saatimiz kalmıştı yalnızca. Akşam yemeği için kolayca bir yer buluruz diye düşündük. İlk karşımıza çıkan lokantada fiyatlara ve ön tezgahta teşhir edilen etlere baktık. Sonraki lokantada masaları inceledik. Üçüncüye geldiğimizde öğrencilerden biri tuvaleti kullanmaya gitti, geldiğinde tiksintiyle başını iki yana salladı. Nihayet bir saat sonra ya fiyatı, ya etin kalitesi ya da temizliği yüzünden tam on lokantayı reddetmiş olduk. Kim'le ben itirazlara razı olmakla beraber biraz usanmıştık artık. Eti taze görünen, fiyatı da temizliği de makul bir lokantayı gözümüze kestirip durduk yine.

"Hepiniz bir bakın buraya," dedim "Et güzel gözüküyor, masalar da temiz."

"Başka bir yer yok mu oturabileceğimiz?" diye sordu Derya diye bir kız. Üst katta aile salonu olduğunu gösteren bir tabela vardı. Kızların burada daha rahat edeceğini biliyordum.

"Evet var, gidip bakalım." Tam içeri girmek üzereyken lokantanın sahibi geldi yanımıza. Tebessümle etin günlük olduğunu söyleyip, tüm sorularımızı ayrıntılarıyla cevapladı. Manzaralı, güzel esen bir terasları da olduğunu ekledi. Kızların önüne düşmüş yukarı çıkacakken Ayşe:

"Burada bir şey yiyemem ben öğretmenim." dedi.

"Neden, hoşuna gitmedi mi?" diye sordum şaşkınlıkla. Herkesin kriterlerine uyuyordu burası halbuki.

"Yani, *esnaf* lokantası burası."

"Kusura bakma, anlayamadım. *Esnaf* ne demek?" dedim.

"*Esnaf* tüccar demek, öğretmenim," dedi son derece sıkılgan bir tavırla.

"E ne var bunda?" diye sordum. Neyi kastettiğini idrak edememiştim.

"Annemler esnaf lokantasında yemek yersen sen de esnaf olur çıkarsın der."

Ağzım açık kaldı. Böyle bir inanışın varlığından bile haberim yoktu. Diğer öğrenciler Ayşe'nin söylediklerine arka çıkmayınca, yemek yiyebileceğimiz başka bir yer de bulamayız diye, tersledim. "Saçmalama Ayşe. Burada yiyeceğiz! Hadi gel." Lokanta sahibinin vaat ettiği gibi terasın manzarası güzeldi, rüzgar da serin serin esiyordu, yemekler temizdi. Ayşe et yemeklerine hiç dokunmadı ama koca bir *kaymaklı ekmek kadayıfını* doya doya yedi.

Akşam sekiz buçukta öğretmen evine döndükten sonra hepimizin tek isteği sıcak bir duş alıp uyumaktı. Tam yatmak üzereydik ki kapı çaldı. Gelen Ebru'ydu.

Çiğ köfte gecesine davet edildiğimizi, hemen çıkmamız gerektiğini söyledi. Birecik'teydik, Birecikli Fatoş'un ailesi düzenlemiş daveti. Madem akşam yemeği yiyecektik, neden önden bir akşam yemeği daha yememiz lazım akıl sır erdiremedim ama yorgun argın kalkıp gittik. Öğretmenleri gelmezse Fatoş'un çok üzüleceğini düşündük. Saat on buçuk civarı vardığımızda annesi, kız kardeşleri, teyzeleri ve kuzenleri karşıladı bizi. Yerde upuzun bir örtüye *çiğ köfteler*, ev yapımı biber dolmaları, sarmalar, *börekler,* sebze turşuları, pilav, salatlar, ekmek ve daha nice yiyecekler dizilmiş bekliyordu. Hepimiz örtünün kenarına oturup uçlarını kucağımızın altına kıstırdık. Geleneksel bir *sofraydı* bu. Asıl manası masa olsa da bir araya gelip sohbet eşliğinde yemek yemek anlamında kullanılan bir kelime. Herkes elinden geldiğince yemeğe çabalasa da Fatoş'un annesinin biraz hayal kırıklığına uğradığını hissettim.

Ertesi gün, yalnızca birkaç saatlik uykuyla Birecik'te meşhur olan tek yeri görmeye gittik. Koruma altındaki kelaynak kuşlarının sayısı vaktiyle yöre halkının avlayıp yemesi sebebiyle azaldığından turistik cazibeye sahipmiş. Bunun haricinde ilgi çekici hiçbir özellikleri yok. Aşırı çirkin bu kara kuşların ancak dürbünle doğru düzgün göreceğiniz şekilde yüksek binaların saçaklarına tüneyip düşecekmiş gibi durmaktan başka numarası yok.

Kuşları izledikten sonra otobüse tekrar doluşup önce civardaki barajı sonra ondan daha büyük Atatürk Barajı'na gittik. Kahta'ya geldiğimizdeyse Nemrut Dağı'na kendi vasıtamızla çıkamadığımız için koca otobüsten inip dört ufak minibüse bindik. Öğrencilerin aralıksız yalvarışlarına, sesli dualarına aldırmayan şoför güzel manzaralı güzergahta son sürat ilerlerken, zirveye giden yolun yarısında beklenmedik bir şekilde durduk. Şoför kontağı kapatıp arkaya dönerek Ebru'ya bir şeyler söyledi. Önce kibarca cevap veren Ebru aniden adama çıkışıp öfkeli bir Türkçeyle fırça attı. Birdenbire bütün öğrenciler sinirlendi. Sesi soluğu çıkmayan minik Emel bile tepki gösterdi.

"Ne oluyor?" diye sordu Kim Ebru'ya.

"Niye paradan bahsediyor?" diye sordum ben de lira lafını duyunca.

"Kişi başı dokuz milyon lira verecekmişiz dağa çıkmak için."

"Ne için bu para?" dedim.

"Kural böyle diyor ama biz önceden hazırlanıp geldik, ücretin tamamını da otobüs şoförüne verdik."

Ebru'yla ötekiler şoförle tartışmaya devam etse de pek

66

işe yaramıyor gibiydi. Çıkmaza düştük. Adam motoru çalıştırmıyor, Ebru da geri adım atmıyordu. Sonra bize dönüp göz kırptı Ebru. "Şimdi de diyor ki kişi başı beş milyon verin. Makbuz keserse veririz o parayı dedim. Olmaz dedi ama makbuz almazsak para da yok dedim." Küplere binmişti. Zira makbuz vermemek demek devletin kasasına para gitmemesi demekti. Ebru'ya göre bindiğimiz minibüsten şimdi istenen giriş ücretine kadar bütün bu tertip buralı bir *ağanın* işiydi. Nihayet cebimizden tek kuruş çıkmayacağından emin olana edene dek şoförü paylamaya devam etti. Bize dönüp şöyle dedi, "Babamın kamyon şirketi var. Ben de onun evrak işlerine bakıyorum. Bazen onunla yola çıktığımdan biliyorum Doğu'da vaziyet böyle."

Minibüsün daha fazla ilerleyemeyeceği bir yere vardığımızda, on beş dakika kadar sarp, neredeyse dimdik bir merdiveni tırmandık zirveye ulaşmak için. Günbatımının izlendiği alana gitmek üzere dolanıp megaloman Antiochus'un ve akrabası olduğunu düşündüğü tanrıların heykellerine hayran hayran baktık. Henüz yazın başı olmasına rağmen kar tamamen kalkmamıştı. Sıkıca giyinip oturduk, beklemeye başladık. Öğrencilerden biri dergiden Antiochus'un tarihini okudu. Sonra gün batarken hepimiz sessizleştik. Diğer turist kâfileleri hemen otobüslerine dönerken biz kıpırdamayıp önümüzdeki manzara gittikçe azalan günışığıyla beraber kaybolana dek usulca izlemeye devam ettik.

Kahta'ya sağ salim döndüğümüzde dönüş yoluna çıkmadan çarçabuk yemek yedik. Uykusuzluktan herkes dağılmış, bitap düşmüş haldeydi ama bu bizi otobüse bindiğimizde yine fotoğraf çekmekten, yeni aldığımız şalları takıp dev tesbihlerimizi fırıldatmaktan alıkoymadı. Öğrencilerin bazıları şarkı söyledi, oyun oynadı, bazıları dans bile etti. Uykum kaçmasına rağmen dinlenmeye de çok ihtiyacım vardı. Gelgelelim gecenin iki buçuğunda dondurma yemek için Kahramanmaraş'a vardığımızda otobüsten ilk atlayanlardan biri bendim. Bu sefer meşhur MADO dondurmalarının menşeine, Yaşar Pastanesi'ne gittik. Türkiye'deki, Avrupa'daki şubelerinin yanısıra bir tane de Avustralya'da şubesi olmasına rağmen günde on sekiz saat çalışmaya devam eden pastane sahibiyle tanıştık. Dondurma şahaneydi. Öyle kıvamlıydı ki geleneksel usulde çatal ve kaşıkla, antika bir dekor ve pastaneye gelip poz veren ünlülerle siyasetçilerin imzaladığı fotoğraflar eşliğinde yedik dondurmamızı. Yorgunluktan iyice bitkin halde

68

Kayseri'ye döndüğümüzde güneş yeni yeni doğuyordu. Dört gün üç gece boyunca sadece on iki saat uykuyla gezmiştik. Fırsatım olsa bir dakika bile düşünmeden tekrarlarım.

ÇALKALA, PAYETLERİ SİLKELE

Kim kıyafet denerken ben soyunma odasının dışında açılır kapanır bir iskemlede oturup yorgun argın onu bekliyorum. İlk gençlik dönemimden hatırladığım bir şarkı çalıyor hoparlörden. Yığınla kıyafeti delicesine pençeleyen müşterilerin hummalı hareketlerini sakinleştiren bir fon müziği. Soğuk kış günlerinde Pazar öğleden sonraları genelde mağazalar dolar ama indirim dönemi başladığı için müşteri sayısı her zamankinden daha yüksek. Tüm gürültü patırtıya rağmen çok geçmeden keyifle hayallere dalmıştım ki birdenbire sert bir sesin "Çabuk ol kız, kapa şu müziği." demesiyle kendime geldim.

Dikkatle baktığımda, yanımda işiyle uğraşan bir satış personeline öfkeyle el kol hareketi yapan genç bir adam görüyorum. Kadın geri astığı bir kucak kıyafeti bırakıp kasaya koşarken dikkatle izliyorum. Başını kasanın arkasına doğru eğdiğinde müzik aniden duruyor. Birden İstanbul'un Anadolu yakasında modern, aydınlık, orta yollu bir giyim mağazasının şubesinde olduğumu unutuyorum. Yirmi yıl evvele, yedi yüz kilometre ötedeki orta Anadolu'ya, koşup müziği kapatmam gerektiği bir ana gidiyorum.

O vakitler ülkenin tam kalbinde, yaklaşık 2000 nüfuslu ufak bir belde olan Göreme'de bir pansiyonda yaşıyordum. Altıncı ve yedinci yüzyıllardaki Arap istilasından benim de bulunduğum 1990'lara kadar burası bir tarım köyüydü. Benim orada yaşadığım dönemde yeni yeni gelişmekte olan turizm sektörü vadinin çehresini değiştirmeye başlıyordu. Göreme'deki hayatım pansiyonun ana avlusuyla mutfağı arasında geçiyordu. Avlu üçgen şeklindeydi. Duvarlardan biri yandaki evin taş duvarıydı. Pansiyona hizmet veren derme çatma mutfak da o duvarın önüne konmuştu. Avlunun öteki tarafında tek katlı odalar diziliydi. Eskiden ahır olan bu mekânda şimdi misafirler para karşılığında ağırlanıyordu. Üçüncü duvarsa üzerine vaktiyle bir ailenin yaşadığı ev inşa edilen sarp bir kayalıktan oluşuyordu. Aynı aile hala üst katta göz kamaştırıcı bir beyaza boyalı, kumtaşı kemer duvarıyla örülü beş küçük odada yaşıyordu. Evlerine yan yoldan giriliyordu ama aile üyeleri, özellikle anne, vaktiyle ev olan kısımla ikinci binayı birbirine bağlayan çirkin, beton köprüyü geçip ne yapıyorum diye beni yoklamaya gelirdi. Bu ikinci binanın en üst katı gül rengi kumtaşından inşa edilmişti. Eskiden un öğütülen ve kışın hasat ambarı olarak kullanılan mağaradan devşirme

71

odalar yatakhaneye ve turistlere mahsus birkaç özel odaya dönüştürülmüş. Köyün merkez camiinin minaresi avlunun bir köşesine hakim konumdaydı. Burası dedenin öldüğü yer olarak bilinirdi. Benim duyduğum rivayete göre dede yakınlardaki Avanos'tan çıkarılan son kumtaşı bloklarını dizmeye yardım ederken düşmüş, yaralanarak ölmüş.

Misafir odalarının tamamı, tıpkı aile salonunun balkonundakiler gibi çiçeklerle kaplı şirin avluya bakıyordu. Yaz aylarında aile ekseriyetle bu balkonda vakit geçirirdi. Avluya enlemesine gerilmiş iplere itinayla tutunan üzüm asmasının yaprakları adeta dokunaç gibi odamın tavanını kaplamış durumdaydı. Aile reisi Yeter her gün üst katımdaki balkona oturmuş göstere göstere iş yapardı. Her ne kadar maydanoz yıkayıp bezelye ayıklarken bana sık sık gülümsese de gözlerinin üzerimde olduğunu bilirdim. Yeme içme ve barınma karşılığında işlere yardım eden yabancıyı, yani beni çok net görürdü balkondan. Görevlerim hiç zor değildi. Erken kalkıp misafirlere kahvaltı hazırlamam, soru sorulursa cevap vermem, odalarla avluları her gün temizlemem gerekiyordu. Asıl zor olan, yabancılığımın yanı sıra, geleneksel bir Türk ailesiyle yaşayan genç bekar bir kadın olduğumu aklımda tutmaktı. Akrabalık ilişkimiz olmamasına rağmen birlikte yaşadığımız için, kazara dahi olsa haddimi aştığımda bunun aileye ahlaki bir bedeli oluyordu. Haliyle balkon, tıpkı Foucault'nun panoptikonu gibi Yeter'e beni gözetim ve kontrol altında tutabileceği mükemmel bir mekân sunuyordu. O dönemde tatile Türkiye'ye gelenlerin çoğu hala Avrupalıydı. Körfez Savaşı'nın patlak vermesiyle birlikte Avustralyalıların çoğu o kadar yol kat etmeyi göze almıyordu. Ama olur da bir Avustralyalı bizde kalmaya gelirse aksanımız ve kültürel referanslarımız sayesinde aramızda çarçabuk bir bağ oluşurdu. Bir gün Melbourne'dan bir adam geldi. Hemen müzik üzerine sohbet etmeye koyulduk. Kaset değiş tokuşu yapalım diye teklif etti, ben de koleksiyonuna bakmak için kalkıp odasına gittim. Bir iki metre ya girmiş ya girmemiştim içeri. Kapı da avlunun herhangi bir yerinden bakanın rahatlıkla içeriyi görebileceği şekilde ardına kadar açık olmasına rağmen Yeter küplere bindi. Birkaç saniye içinde bir hışımla aşağı inip alelacele bana el kol hareketi yaparak öfkeyle konuşmaya başladı. Ne dediğini anlayamamıştım ama belli ki çok ayıp bir şey yapmıştım.

Hiddetli laflarının sonu gelmeyecek galiba diye düşünürken, öğle *ezanının* duyulmasıyla birlikte susuverdi. Aniden dönüp binanın iç tarafındaki mağara odalardan birine koştu. Fonda hafif hafif çalan müzik birden durdu. Avlunun aydınlığına çıktığında önüme bir çalı süpürgesi fırlatıp "başla" diye tersledi. İki saat boyunca tüm avlunun baştan sona tozunu alacaktım. Çok zahmetliydi. Gözünü bir an üzerimden ayırmadı, ıskaladığım yerleri gösterip durdu. Sonraki birkaç gün boyunca ne doğru düzgün bir tebessüm, ne bir çift kelam edip atmaca gibi izledi durdu beni. Sadece iş vermek için açtı ağzını. Ne zaman *ezan* okunmaya başlasa içerdeki mağaraya gidip müziği kapatacak kişi ben oldum. Yavaş yavaş anladım ki iman edenlerin namaza çağrıldığı esnada başka hiçbir sesin duyulmaması lazımmış.

Erkek bir misafirin odasına girdiğimde Yeter'in neden bu kadar kızdığını çok sonraları idrak ettim. Geleneksel pek çok Akdeniz ve Ortadoğu kültüründe kadınlar ailenin namus bekçisidir. Bir yanda vahşi arzularını dizginleyemeyen erkekler, bir yanda ellerinde elma onları baştan çıkaran Havvalar. Erkekler dürtülerine boyun eğmekten aciz olduğundan, cinsel davranışlarından asla sorumlu tutulmaz. İlişkiye giren kişiler ister başkalarıyla evli olsun, ister bekar, ister zorla sürüklensinler cinsel birleşmeye, işlenen suçun kime ait olduğu bellidir. Eğer bir kadınla bir erkek aynı odada yalnız kalmışsa, erkek kendini tutamayacak hale gelir ama günahı kadın işlemiş olur.

Aynı mantığa göre, iki cinsin bir araya geldiği ortamda kadınların vücut hatlarını teşhir eden danslar da şüpheyle karşılanır. Türkiye'deki diğer pek çok şey gibi, davranış kuralları da basit değildir. Bir yandan, halk oyunları geleneğinde dansa çok değer verilir, iyi dans etmek hayranlık uyandırır. Kapadokya gibi daha geleneksel yerlerde evlilik çağına gelmiş genç kızlar *kına gecelerinde* boy gösterip albenilerini sergiler. Bu gecelere sadece kadınlar katıldığından, koca bulmak isteyenler tüm marifetlerini ortaya koyar. Kayınvalide adaylarının keskin bakışları altında çalımla salınan kızlar kalçalarını hevesle kıvırtır, kışkırtıcı bir edayla memelerini hoplatır. Bedenlerinin ne kadar esnek, cinsel birleşme sonrası üremeye ne denli elverişli olduğunu, kalçalarının çocuk doğurmaya uygunluğunu anlamak üzere kızların her bir hareketi incelenir ve yargılanır.

Öte yandan, Batıda "göbek dansı", burada Oryantal dans olarak bilinen bu figürler şayet bir Türk kızının hobisi haline gelirse çok ayıplanır. Haftada bir Türk kız arkadaşım Selin'le oryantal dans kursuna gidiyoruz. Niyetimiz hem eğlenmek, hem de formumuzu korumak ama Selin'in anneannesine bunu anlatmak mümkün değil. Torunu nasıl olur da böyle bir şey yapar diye ortalığı ayağa kaldırıp onu mahçup ediyor. Selin nazikçe benim de gittiğimi söylediğinde, anneannesi oralı olmayıp aynı şey değil diyor. Asıl kastettiği, *yabancı* olduğum için ahlak kurallarının beni bağlamadığı. Göreme'deki Fatma ise mevzu benim davranışlarım olunca tam aksini düşünürdü. Gerçi o herkesin herkesi tanıdığı ufak bir köyde yaşıyordu. Şehirde bir nebze gizli saklı kalabiliyorsunuz. Daha da önemlisi, bu tutum *yabancı* bir kadın olmanın her daim çelişkiler barındırdığını gösteriyor. Bazen, sırf yabancı olduğunuz için, en ahlaklı Türk kadınından bile daha ahlaklı olmanız beklenir. Bazen de münasebetsiz bir davranışınız sırf yabancı olduğunuz için affedilir. Türkiye'de yaşamak demek böyle pek çok tezata maruz kalmak demek.

İşin tuhafı, hem Türkler hem Batılılar oryantal dansı kışkırtıcı ve tehlikeli derecede şehvetli buluyor. Nasıl ki vaktiyle Batıda aktris olmak hayat kadını olmakla eşdeğer tutulmuşsa, Türkiye'de de dansöz olmak fahişelikten farksız kimilerine göre. Yaşı ileri Türkler, vahşi bir kendinden geçme, vaat, baştan çıkarma gibi çağrışımları bulunan oryantal dansı hiç tasvip etmez. Tam da bu çağrışımlar yüzünden, açık seçik giyinmiş, kendilerini son derece davetkâr ve erotik biçimde teşhir eden kadınların hayali bile Batılı erkeklerin ağzını sulandırmaya yeter. Ama işin aslı bambaşka. Dansözlerin hareketlerinde vahşilikten, kendinden geçme halinden eser yoktur. En iyi göbek dansçıları/ dansözler muazzam bir kas kontrolü ortaya koyup, tek bir bilek fiskesi veya kalça döndürme hareketiyle eksiksiz bir hikaye anlatır. Hakikaten iyi bir performans havasız, parlak ışıklı odalarda her yanlış hareketinizi yüzünüze vuran aynalar kaşısında saatlerce süren provalar sonucu doğar. Bu odalarda kalçalarınızı şehvetle titretmek demek fazla yağlarınızın yanlış bir yönde, yanlış bir amaçla coşması demek. Sıkı sutyenlerin içine hapsolmuş memelerinizin arasından terler akarken, birbirinden ayrı üç parçada hareket etmeyi öğrenmesi gereken bedene hakim olduğunuzu gösterecek şekilde memeleriniz önce sola, sonra sağa, yukarı, aşağı yuvarlanır durur.

Saatlerimiz figürleri hatırlayamadığımızda endişeyle birbirimize bakarak; egzotik bir kelebek gibi süzülen ceylan gözlü, nefis ince belli hocamızdan kaygıyla, ufacık da olsa iltifat umarak, belli belirsiz de olsa bizden beklenen hareketlerden utanarak geçiyor. Onun yanında biz fil kaçıyoruz. Yeni dans tekniklerini öğrendiğimiz bu dersi bir saat izledikten sonra inanın en kaygılı büyükannenin bile bütün kaygıları, erkeklerin de neredeyse tamamının cinsel şehveti söner gider. Öte yandan, artık bir düğüne veya nişana çağrıldığımda dört gözle dans etmeyi bekliyorum. Hiç düşünmeden bir bakıyorum ki onca saatlik gayretim netice vermiş, birbirini keyiflendirmek için dans eden kadınların çemberine hemen girmişim; serçe parmaklarımızı dolayıp el çırparak giderek hızlandığımız *damat* alayında gülmeye başlamışım. Etraftaki masalarda oturan yaşlı kadınların keskin bakışlarını görmezden geliyor, bitap düşüp oturana kadar bedenime hünerle hakim oluşumdan zevk duyuyorum.

İstanbul gibi modern şehirlerde müziği kapatma meraklısı değildir herkes. En sevdiğim DJ ne zaman İstanbul'a gelse Avrupa yakasındaki meşhur bir gece kulübüne giderim. Ortasında bal peteğini andıran, disko topunun ışıltısıyla iyice güzelleşen tuğla tonozun yer aldığı, Bizans havası taşıdığı için sevdiğim bir mekân burası. Balkan Roman havasının ilk tınılarını duyar duymaz kendimi dans pistine atar, saatlerce yerime oturmam. Etrafımdakiler kendinden geçmiş halde içer, fingirdeşir, müziğin ritmiyle durmadan oynar. Hormonların, alkolün ve şehvetin alevlendirdiği beklentiler ve arzularla dolup taşan bir ortamdır burası artık. Duvarın önündeki ufak barda sessizce mola verip soluklanabilirsiniz. Asma kat ise Göreme'deki avlunun balkonunu hatırlatır bana. Yukarıdakiler aşağıdakileri izler ama ayıplayarak değil, haz duyarak. İşin matrak tarafı, kulübün ismi İncil'in ortaya çıktığı dönemin dünyasında krallara hükmeden, yedi başlı bir canavarın taşıdığı fahişenin ismiyle aynı. Ama bunun dışında bir benzerlik de yok aralarında. Dans burada endişeyle zapt edilip ortadan kaldırılması gereken ahlaksız bir kuvvet gibi değil, yaşıyor olmanın verdiği neşenin ayrılmaz bir parçası olarak algılanır.

ÖZGÜVENLE ALIŞVERİŞ

Kadınların alışverişe meraklı olduğuna dair basmakalıp fikrin aksine ben alışverişten pek hoşlanmam. Mükemmel bir çift ayakkabı veya çizmenin izini sürmek için her yolu denerim ama konu üst baş olunca hiç o kadar ilgilenmem. Hele özel bir davet için giysi seçmem gerekiyorsa üzerine pek düşünmem. Taksi çevirmeye benzer bu biraz. İhtiyacınız yokken her yerdedirler ama ne zaman bardaktan boşanırcasına yağan yağmurun altında kalıp yeni ayakkabılarınız mahvolmasın diye çaresizce kuru bir yerde oturmak istersiniz, bir tane bile taksi geçmez yanınızdan.

Türk bir arkadaşımın düğününe davet edilince sevinçle kabul ettim. Sonuçta evlenecek kişi arkadaşımdı, onun adına çok mutluydum. Ama sonra kafama dank etti ki düğün demek yeni bir kıyafet, hatta özel bir davete yakışan bir elbise almak üzere alışverişe çıkmak demekti. Bu fikir hoşuma gitmediyse de bir Cumartesi sabahı, halletmem gereken bir sürü işin yanında elbise de almak için dışarı çıktım. Eskiden buna benzer durumlarda elbiseyi diğer tüm alışverişi bitirdikten sonraya bırakırdım ki, mutlaka almam gereken elbiseyi alamasam da tüm günü heba etmiş gibi olmayayım, kendimi işe yaramaz hissetmeyeyim.

Bu sefer görevi farklı bir yöntemle yerine getirmeye karar verip önce elbise aramaya koyuldum. Gidilecek yer işin en kolay kısmıydı, zira yaşadığım muhitte, yani Kadıköy'de düğünle alakalı her şeyi bulabileceğiniz iki başlıca sokak mevcut. İkisi de altı yola, ya da daha meşhur adıyla ismini meydandaki heykelden alan *boğaya* çıkıyor. Heykel 1864 yılında Jules Bonheur tarafından Paris'te yapılmış, I. Dünya Savaşı'ndaki işgal esnasında Almanya'ya götürülmüş. 1917 yılında ise Almanlar Enver Paşa'ya hediye etmiş heykeli. İstanbul'un farklı muhitlerini gezdikten sonra 1969 yılında Kadıköy'e getirilmiş. Her ne kadar Kültür Varlıkları ve Müzeler Genel Müdürlüğü heykeli Beylerbeyi Sarayı'nın bahçesine taşımak istese de, boğa şu anki konumuyla hem yerli halkın hem yabancıların gözde buluşma noktası, meşhur bir kent simgesi olmaya devam ediyor.

Otobüs boğaya çıkan caddede ağır ağır ilerlerken, gelinlik modasında ne var ne yok hayranlıkla izleyecek kadar bol vaktim oldu. Evlilik teklifini takiben istikametin neresi olduğunu herkes bilir. Caddenin ismini bile bilmenize gerek yoktur. Yan yana dizili, aynı

81

türde ürünler satan dükkanları sık sık görürsünüz Türkiye'de. Nerede olursanız olun, gelinlik caddesini arıyorum derseniz müzmin bekarlar bile sizi buraya yönlendirir. Bu yılın gelinlikleri kat kat volanlı dantel, fırfır ve ekru ipek aplikleriyle benim gibi bir acemiye abartılı bir zenne kıyafeti izlenimi veriyor. Başlarında allı pullu peruklar, gökkuşağı renklerinde florasan gibi ışıldayan nişanlık elbiseler giymiş mankenleri görünce aklımda *Çöller Kraliçesi Priscilla* filminden sahneler canlanıyor. Ama dükkanlar tıka basa dolu olduğuna göre belli ki benim eleştirilerim biraz yersiz.

Boğaya geldiğimizde otobüsten atlayıp denizin aksi tarafına doğru ilerleyen sokağa dönüyorum. Burası tam bir *abiye* cenneti. Benim memleketimde misafirlerin düğüne asla siyah kıyafetle gelmemesine yönelik bir batıl inanç var ama Türkiye'de böyle bir sınırlama yok. Siyah renk kabul görmekle kalmayıp modaya meraklı Türk kız arkadaşlarıma göre hafif sıkıcı bile kaçıyor. Bense bu tutumdan gayet memnunum, zira Türkiye'deki birbiriyle uyumlu, tezat, payetlerle, süslerle donatılmış renk cümbüşü merakı bana fazla geliyor. Tek renk kâfi benim için ama önceki tecrübelerimden biliyorum; neon renginde olmayan, pırıltılı taşlara boğulmamış bir gece kıyafeti bulmak zahmetli bir uğraş gerektirebiliyor.

Yenilgiye hazır ama zaferden de ümitli bir halde, özgüvenim yerinde, sokağın başındaki ilk dükkana giriyorum. Plastik ambalajın içinden bile ışıldayan cafcaflı renklerde, yerlere kadar uzanan straplez elbiselerle dolu etraf. Sağım solum göz kamaştırıcı renklerle çevrili. Satış görevlisi kadın yanıma yaklaştığında bir an dilim tutuluyor. İkinci kez buyurgan bir edayla *hoşgeldiniz* dediğinde cevap veriyorum. Sonra defalarca provasını yaptığım monologuma başlıyorum.

"Merhaba" diyorum. "Yabancıyım, Türkiye'de bir düğüne davet edildim. Düğünde giyecek elbise arıyorum ama uzun olmasın." Teşhirdeki giysilere bakarak, "Altın rengini değil, gümüşi tonları seviyorum. Çok süslü olmasın." diye ekliyorum.

Kadın, ambalaj ormanının arasından fırlayan bir başka satış elamanının yardımıyla dükkanı titizlikle turlayıp birkaç elbise çıkarıyor ve onayıma sunuyor. Bütün kusurları örtsün diye kolları dirseğe kadar gelen alacalı, zeytin yeşili kalem elbiseyi hemen reddediyorum. Tam o esnada beni bacaklı, kısa bir buzdolabına benzetecek, gelin anasına yakışır bir elbiseyi hele hiç istemiyorum demek akıllıca olmayacak. Boynunun etrafı ufacık altın sarısı boncuklu saten elbiseyle, önden tül dökümlü biçimsiz siyah jarse krep kalem elbiseyi denemeyi gönülsüzce kabul ediyorum. Potansiyeli var, yok değil. Mesela cenaze evine perdelik olabilir ama elbiseye nasıl benzeyecek emin değilim. Derin bir nefes alarak, azıcık uygun her elbiseyi deneyeceğime dair kendime verdiğim sözü hatırlıyorum. Elbise konfor alanım kısıtlı, kabul. Bu sefer bari sınırlarımı aşıp hayallerim yıkılmadan dönebilecek miyim eve bakalım.

Soyunma odasına girdiğimde iç çamaşırıma kadar soyunma talimatı veriliyor. Benden işaret alır almaz her iki satış elemanı da sıkış tepiş yanıma geliyor, ellerimi başımın üstüne kaldırıp saten elbiseyi süründürerek giydiriyorlar. Biri beni tutarken, diğeri de ayağıma insanı sendeletecek kadar yüksek topuklu terlikler geçiriyor. Sonra hep birlikte mağazanın ortasına geliyoruz. Aynanın karşısına geçtiğimde elbisenin harikulade derecede seksi olduğunu düşünüyorum. Altın sarısı boncuklara rağmen. Ama çok dar geliyor, satış elemanlarına da söylüyorum. Ama *maalesef* daha büyük beden yokmuş ellerinde. Hevesle elbisenin bana çok yakıştığını söyleyip duruyorlar. Haklılar. Ancak ağzıma bir lokma dahi yemek koymazsam giyebilirim bunu düğünde diyorum, gülerek katılıyorlar sözlerime. Ancak hiç oturmazsam giyebilirim bunu düğünde dediğimde yine gülüyorlar. Bu elbisenin içinde doğru düzgün nefes bile alamayacakmışım gibi geliyor dediğimde, alaylı bir biçimde başlarını sallayıp "*Maalesef* başka elbise yok elimizde." diyorlar. Normalde bu gibi bir durum beni ümitsizliğe sürükler ama niyeyse bu sefer öyle olmuyor. Pek çok kadın gibi ben de vücudumdan her daim memnun değilim. Vücuduma dair ne hissettiğim genel hissiyatımla alakalı oluyor. Eğer moralim bozuksa sırf kusurlarımı görüyorum. Ortalama bir kadının dar omuzlu, kalçasız, ufak boylu olduğu Türkiye'de yaşarken bu hissim daha da katmerlendi. Ben tam aksine çoğu Avustralyalı kadın gibi geniş omuzlu, Marilyn Monroe kalçalı bir kadınım. Bedenime uygun, hoşuma giden kıyafet bulmam zor olabiliyor. Ama söz konusu *abiye* giyim olunca seksilik ön plana çıkıyor, kıvrımlı hatlar işe yarıyor. Beni giydiren bir görevli sayesinde emekten tasarruf ettiğim için özellikle zevk alıyorum bir şeyler denemekten. Giysileri deneyip, reddedip nihayet eve elleriniz bomboş dönmenin verdiği yorgunluksa çok beter. Neşeyle tıpış tıpış geri gidiyorum soyunma odasına. Yine kollarımı havaya kaldırıyorum. Birkaç saniye içinde fuşya elbise çıkıyor, pürüzsüz bir dokunuşla siyah kalem elbise geçiriliyor üzerime. Ufak standart bir siyah elbiseye benzeyen krep kılıfın drapesine bakıp düşünüyorum. En büyük korkum rüküş, demode gözükmek. Dökümlü bir elbisenin tam da bu etkiyi vereceğinden endişeleniyorum. Satış elemanının ardından mağazanın ortasına doğru ilerliyorum yine ve yavaşça aynaya dönüyorum. Cesaretimi toplayıp baktığımda neşeyle bir kahkaha patlatıyorum. Aradığım elbise bu. Kolsuz siyah jarse sevdiğim taraflarımı güzelce belli ediyor, dökümlü kısımlarsa sevmediğim taraflarımı saklıyor. Özgüvenim yerinde, güçlü ve seksi hissediyorum. Tüm gözleri üzerimde hissettiren bu elbiseyle düğüne gittiğimdeyse hevesle dansa teslim olup, kendimden geçercesine dans ediyorum.

DÜĞÜNE GİDERKEN

Taşrada yaz ayları boyunca nemden iyice ağırlaşmış havaya daimi bir davul sesiyle beraber kurdelelerle, çiçeklerle şatafatlı biçimde süslenmiş arabaların korna gürültüsü hakim olur. Bu sesler Türkiye'de genellikle havaların ısındığı yaz aylarına denk gelen düğün sezonuna bitmek tükenmek bilmeyen bir arka fon oluşturur. Eskiden düğün merasimleri yuva kurmak için en şanslı günler addedilen Salı ya da Pazar günleri başlarmış. Gelinin seçiminden yeni eve taşınmaya kadar itinayla takip edilen bir sırası varmış törenlerin. İç Anadolu'da, Kayseri'de yaşadığım dönem yirmi birinci yüzyılın başına denk gelmişti. Kayseri, Kapadokya'nın bölgesel başkentine yakışır şekilde benzer herhangi bir şehirde bulabileceğiniz her türlü modern kolaylığı sağlıyordu. Sinemalar, restoranlar, mağazalar ve hatta tek tük bar bile vardı. O dönem en yakın arkadaşım Sezen adında Kayserili bir meslektaşımdı. Ailesinin tavsiye ettiği bir adamla görücü usulü evlenmişti. Onlarla tanıştığımda on yıldır evliydiler, iki de çocukları vardı ve gayet mutlu gözüküyorlardı. Kocasını sevdiğini biliyordum ama evlendikleri zaman da seviyor muydu emin değildim.

Üst baş alışverişi için çarşıya indiğimiz o güne dek hiç üzerinde de durmamıştım bunun.

Hırka satan mağazalardan dönüşte kapalı çarşıdan geçerken Sezen'in Ahmet amcasının ufak kuyumcu dükkanına girdik. Sezen beni amcası ve kuzeniyle tanıştırdı. Hamdi yakında evlenecek dedikten sonra Ahmet'le sohbete koyuldu. Sezen son aile dedikodularını öğrenirken, birkaç bardak çay içecek kadar oturduk. Sonra Kazancılar Çarşısı'na doğru diğer işlerimizi halletmeye geçtik. Şehir merkezine hakim konumdaki 13. yüzyıldan kalma kalenin volkanik siyah taş duvarlarının kenarından geçerken Hamdi kiminle evlenecek diye sordum.

"Buralardan bir kız. Annesi buldu," diye cevap verdi Sezen.

"Ne demek 'buldu'?" diye sordum hafif şaşkınlıkla.

"Eğer iyi bir aileden geliyorsan, kiminle evlendiğin önemlidir Kayseri'de. Hamdi de evlenmek istiyor, annesinin tercihine güveniyor."

"Gelin nasıl biri?"

"Onun da ailesi iyi, Kayseri'nin köklü ailelerinden. Hamdi'yle evleneceği için mutlular."

Sezen bana bir şey anlatırken soğukkanlılığından hiç ödün vermez, söyledikleri beni hayrete sürüklese de umursamazdı. Söylediklerini garipsediğimde gösterdiğim merak uygunsuz bile kaçsa soru sormamalıymışım gibi hissettirmezdi.

"Hamdi üniversite mezunu mu?"

"Evet."

"Evleneceği kız üniversiteye gitmiş mi?"

"Yok, gitmemiş. Kız lise mezunu. Kayserili aileler üniversite mezunu gelin istemez." Kafam karışmıştı. Türkiye'de eğitime çok değer verilir. Eğitimi birbirine denk bir çiftin evliliği elbette daha başarılı olur. Sezen'e bunu söylediğimde, "Kızın hangi aileden geldiği daha mühim. İyi aile demek, kızını iyi yetiştirmiş aile demek. Kız neyin önemli, neyin önemsiz olduğunun ayırdında."

"Yani şunu mu demek istiyorsun," diye üsteledim, "iyi bir aile, kültürlü bir gelin ister. Yani aynı değerleri taşıyan birini?" 'İyi 'aile demek iyi evlat yetiştirmek demek olsa gerek diye içimden geçirip Sezen'in söylediklerini anlamaya gayret ettim. Kayseri'nin tüccar kesiminde kızların belli bir seviyede sanata ilgi göstererek, koyu bir dindarlıkla yetişmesi manasına geliyordu bu. Lise eğitimi gelini çocukların ödevine yardım edecek kadar donanımlı kılar ama ev hanımlığından sıkılmaya götürecek kadar da aklını çelmez.

Bir yanım görücü usulü evlilik fikrini hep itici bulmuştur ama Sezen'le bu konuyu defalarca konuştuktan sonra bakış açımın çok dar olduğunu fark ettim. Evliliğimin temeli sağlam çünkü eşimle beraber verdiğimiz bir söz var ve bu sözü yerine getirmek ikimizin de görevi dedi. Eşler hayat boyu sürecek bir maceranın eşit tarafları olduğunda evlilikler yürüyor. Ölene kadar beraber kalmak amacıyla birbirlerinin güçlü ve zayıf yanlarını gözetiyorlar. Bu esnada işe gidiyor, çocuk yapıyor, hayatın tüm iniş çıkışlarını yaşıyor ve her şeyi ekip halinde deneyimliyorlar.

Birkaç hafta sonra, müstakbel kayınvalidesiyle alışverişe çıktığı esnada Hamdi'nin evleneceği kızla tanıştım. Kızı samimice tebrik ettim, zira sanki çok uzun zamandır tanışıyorlarmış gibi gayet rahat davranıyorlardı birbirlerine. *Gelin* Sezen gibi birini yetiştiren aileye gidiyordu, ki bu da fena bir şey değildi bence. Düğüne davet edilmek heyecan vericiydi ama ne yazık ki gidemedim. Sezen memnuniyetle anlattı bana ne olup bittiğini. Düğünün olduğu hafta Pazartesi günü her iki tarafın da kadınları yeni evlilerin evine gitmiş. Ailelerin maddi durumu elveriyorsa, çiftin tüm ihtiyaçlarını onlar karşılar. Çiftler çoğunlukla doğrudan ailelerinin yanından yeni evlerine geçtikleri için, bizdeki gibi beraber yaşarken kullanılan ikinci el eşyası olmaz hiçbirinin. Her şey yepyeni alınır. Bazı yerlerde buzdolabı, çamaşır makinesi gibi çiftin tüm yeni eşyasını yüklenmiş, naylon ambalajlı koltuklarda oturan kadın akrabaları da taşıyan kamyonları görmek mümkün. Kadınları yeni eve gitme bahanesiyle rutin ev işlerinden uzaklaştıran bu yolculuk da merasimin bir parçası.

Sezen'in ailesi artık çiftlikte değil şehirde yaşadığı için kendi arabalarıyla hareket ediyorlar genelde. Gelin evine varıldığında, tıpkı yurdun geri kalanında olduğu gibi, çayla tatlı ikram edilmesi adettendir. Hemen ardından kadınlar beyaz eşyayı, mobilyaları, nevresimleri, sofra örtülerini ve evi tetkike başlar. Koltuk takımı, yalnızca su içmek için kullanılan şarap kadehleriyle dolu vitrin ve birkaç takım parlak cilalı sehpayla donanmış, resmî davetler için ayrılan büyük, süslü salona geçerler. Bunun haricinde daha dayanıklı ama sade mobilyalı, ileride çocuk odasına çevrilecek daha küçük bir oda da mevcuttur evde.

Eskiden gelinler ya kendilerinin ya annelerinin yıllar boyunca el emeği göz nuru havlu, çarşaf, yorgan, masa örtüsü gibi eşyalarla doldurduğu bir çeyiz sandığı getirirmiş yeni evlerine. Kayseri adetlerinde de aynı eşyalar olmakla beraber yirmi yorgan, üç de masa örtüsü dahil başka malzemeler de şart koşulur. Masa örtülerinden en az birinin kenarı dantel işli, diğeri oyalı olacak. Bu parçaların nasıl imal edildiği ise itinayla uygulanan bir formüle dayanır. Avustralya'daki teyzem de evlendiğinde aynı süreçten geçmiş. Bunu bana söylediğinde seksenlerindeydi. Kocasının ailesi, özellikle kayınvalidesi bütün el işlerini dikkatle incelemiş. Neyse ki eniştem teyzeme sırılsıklam aşıkmış da teyzemin nakıştan pek anlamaması umurunda değilmiş.

Bugün de kadınlar hala kızlarının çeyizlerini kendileri hazırlıyor ama çeyizlik eşyalar artık mağazalardan satın alınıyor. Bu bir nebze ailenin zenginliğini yansıtmakla beraber, kadınlar çalışma hayatına gireli beri gerek yoksa neden el işiyle uğraşayım diyor. Sezen'le şu kanıya vardık. Eski usullerle çeyiz hazırlamak bir hayli vakit almıştır ama, kız evladını el işi hediyelerle gelin etmenin çok daha romantik, kalıcı bir boyutu var. Teyzemin elleriyle diktiği çeyizlik parçalar hala durur. Bazılarının kumaşı eprimişse de, geçmişle bağ kurdukları, teyzemin sevgisinin de hatırası oldukları için hala saklarım.

Geleneksel olarak kadınlar düğünün ikinci gecesini *hamamda* geçirir. Bugün bu adetten büyük ölçüde uzaklaşılmış durumda, zira *hamamlar* ancak yoksullara ve cahillere layık görülüyor. Çoğunun güzelce cilalanmış, şatafatla döşenmiş, Avrupalı turistlere spa hizmeti veren hamamlarla alakası yok. Ayrıca günümüzde modern her evde banyo ve musluk suyu olduğu için, tanıdığım çoğu Kayserili bu bilhassa köylü adetinden uzak durmaya özen gösterirdi. Üçüncü gün *imam* dini nikahı kıyar. Dördüncü günün gecesi ise evliliği yasal hale getiren seküler belgelerin imzalandığı bir törenle yemek yenir.

Katıldığım düğünlerden birinde gelini tanımıyordum ama damat Hilal eski arkadaşımdı. Kayseri'nin yüz kilometre kadar uzağındaki Göreme'de halı ticaretiyle uğraşan, zengin bir aileden geliyor Hilal. Köylerindeki adete göre yirmi sekiz yaşına vardığı için biraz evde kalmış muamelesi görüyormuş. Ama babasının işyerinde saatlerce çalışmaktan, yüksek lisans hayalinin peşinde koşmaktan evlenmeyi düşünecek vakti bulamamış. Amerika'da yüksek lisans yapmış, modern bir hayat tarzı olsa da düğünü doğduğu yerde, civardaki düğünlerin çoğu kadar gelenekseldi. İlk merasimden önce ailesi sabahın dördüne kadar uyumayıp hazırlanmış. Nüfuzlu bir aile olduklarından bütün köy halkına yemek vermeleri gerekiyormuş. Talebi karşılayabilmek için, her iki taraftan akrabalarla arkadaşlar geceyi kuzu parçalamakla geçirmiş. Birkaç saatlik uykudan sonra kadınlar kocaman güveçlerde et, pilav ve sebze pişirmeye koyulmuş. Biz öğlen vardığımızda her şey hazırdı. Öğle namazını takiben köylüler de gelmeye başladı. Bizzat ismen karşılandıktan sonra herkese bir tabak yemek ve meşrubat ikram edildi. Hepimiz Hilal'in ucu ucuna bir gün önce ayarladığı yerli bir grubun müziği eşliğinde, plastik beyaz masalar etrafında toplandık. Grubu getirtebilmek için her iki tarafı da memnun edecek bir fiyatta pazarlık etmesi bir haftayı bulmuş. Gün boyunca anca vakit bulup gelenlerle beraber, yemek ikramı akşamın ilk saatlerine kadar uzadı. Gece sona erdiğinde, iki bin nüfuslu köyde mutlu çiftin pişirdiği çorbadan en az bir kaşık almamış bir iki kişi ya var ya yoktu.

Esas düğünün yapıldığı gün ikindi vakti gibi akşam düzenlenecek resepsiyon için özene bezene giyinip kuşandık. Sekiz yüz ila dokuz yüz kadar kişi çağrılmıştı ve muhtemelen hepsi gelecekti. Ağır ağır köy boyunca yürüyüp, esrarengiz görünümlü peribacalarıyla turistlerin kaldığı otel arasında kıvrılan müze yoluna geldiğimizde aynı yöne ilerlediğimiz büyük bir kalabalığa karıştık. Alçak, kutu şeklindeki beyaz beton oteli yalnızca gündüz gözüyle pul pul dökülmüş boyası, bakımsız çimleriyle salaş, eski püskü halde görmüştük. Bölgede turistlere yönelik hizmet veren tek tük büyük otelden biriydi ama hiçbir zaman dolmazdı. O akşam ise girişine yerleştirilen renkli ışıklarla çiçek demetleri sayesinde büyüleyici gözüküyordu. Kutlama dar merdivenlerle inilen terasta, havuz başında olacaktı. Merdivenlerin dibinde Hilal'in babası Süleyman eşiyle bir yanda, gelinin annesiyle babası öteki yanda dikiliyordu. Süleyman'ı on üç yıldır tanıyordum ama hakkımda çok şey duyduğunu söyleyen eşiyle ilk defa o gün konuşmuş oldum.

Süleyman elimizi sıkıp iki yanağımızdan da öptükten sonra bizimle ilgilenmesi için kuzenini görevlendirdi. Kuzen önümüze düştü, yan yana dizili masaların kenarından geçip bize oturacak yer aradı. Ne hikmetse, on beş dakika gecikmemize rağmen her yer dolmuştu. Genelde Türkiye'de kimse dakik değildir, bizse ne zaman vaktinde bir yere gitsek erken gelmiş oluruz ama bu sefer durum başkaydı. Nihayet gelinle damadın masasından iyice uzakta, oteli çevreleyen çalıların yanıbaşındaki masaya yönlendirildik. Türkiye'de hele bu boyutta bir düğün merasimine daha evvel hiç katılmadığımız için neler olacağını kestiremiyorduk. Avustralya'dayken gittiğimiz düğünlerin hiçbiri geleneksel usulde değildi ama etraftakilerle konuşulur, yemek yenilirdi. Burada masamızda ufak bir kuruyemiş tabağından başka bir şey yoktu. Bar var mı diye bakındık ama göremedik, biri gelir de servis yapar diye bekledik. Garson nihayet ortaya çıktı ama elindeki tepside sadece küçük kutu meşrubatlar vardı. Bu esnada beş kişilik bir aile geldi, masamızdaki boş sandalyeleri sessiz sedasız kapıp hemen gelinle damadın masasına bakacak şekilde çevirdi. Türklerin bizimle iletişime geçerken ilk etapta biraz mahçup olduğuna alışmıştık ama bu aile bize sırtını dönüp oturdu, gece boyunca tek bir kelime dahi etmedi.

Bir saat boyunca neredeyse hiçbir şey olmadı. Acıkmaya ve sıkılmaya başladık. Sonunda kız tarafı geldi, dans etmeye başladı, yakınlarda oturanlar da heveslenip onlara katıldı. Oturduğumuz yerden Hilal ve eşini sadece oynayan parıltılı renkler olarak gördüğümüz için, gelinle damadın varlığı bile can sıkıntımızı gidermedi. On dakika daha belki bir şeyler olur diye umduktan sonra artık kalkıp gidelim dedik. Düğün öyle kalabalıktı ki, girişte vedalaşıp ev sahiplerimizi misafirleri karşısında utandırmadan usulca ayrılmak daha kolay olur diye düşündük. Çalıları yarıp otelden tüydük, köyün yolunu tuttuk. Köye varır varmaz en sevdiğimiz lokantada yemek yedik. Sonra düğündeki diğer yabancılar da lokantaya yemeğe gelince ayrılmakla iyi etmişiz diye düşündük.

Sonraki gün sorduğumuzda öğrendik ki gelinle damat balayını ertelemiş. Düğün hazırlıkları boyunca bitap düştükleri için, bunca yorgunlukla iyi vakit geçiremeyiz demişler. O dönemde balayı daha yeni yeni popülerlik kazanıyor, genelde çoğu yeni evlinin bütçesini aşıyordu. Bugünlerde ise hali vakti yerinde olan çiftler düğünün hemen ardından bütçeleri elveriyorsa yurt dışına, ya da en azından Akdeniz veya Ege kıyılarındaki yazlık otellere gidiyorlar. Ancak damat hemen düğünün ertesi günü işe gitmek durumunda kaldığından pek çok çift balayına çıkamıyor.

Köylerde damat tarafı hala gelini doğrudan baba evinden almaya gider. Gelinin akrabaları yola traktör ya da at arabası çekip damat tarafını durdurmaya kalkar. Düğünü engelleme gibi bir niyetleri olmaz genelde, hepsi rol icabı tabi. Damadın tarafı yol açılsın diye para verir. Büyük şehirlerde ise bu adet farklı bir usulde devam eder. İstanbul'da hafta sonları evimin yakınlarındaki belediyenin nikah salonu civarındaki yoğun trafik yüzünden defalarca otobüste beklemişliğim vardır. Kirli minibüsler, kamyonlar, kamyonetler ve otobüsler arasından düğün konvoyunu seçmek zor değil.

Arabaların arka camında çiçeklerle evlenecek çiftin isimlerinin baş harfleri yazılır, dikiz aynalarından el işi nakışlı havlular sarkar, kaput metrelerce tülden dev bir kurdeleyle paketlenir. Kağnı hızıyla ilerlediğimizden cüretkar genç erkeklerin trafiğe atlayıp düğün arabalarından para istemesi kolay. Parayı alınca düğün salonuna geçişe izin verirler. Salona vardıklarında gelin ve akrabaları arabadan iner. Trafik yavaş ilerlediğinden onları izleyecek epey vaktim olur.

Arkadaşlarımdan biliyorum, şehirli kızların çoğu gelenekleri kabul etmeyecek kadar modern ve bağımsız hissediyor kendini. Ama yine de uyuyorlar adetlere, hatta Türk olmayanlara bile. Yaşı, boyu, kilosu ne olursa olsun bütün gelinler baştan aşağı Batılı tarzda beyaz gelinliklerle gider resmî nikaha. Mazbut gelinlerin bellerinde kırmızı kuşak olur bazen. Gelinin babası iffetli, yani bakire bir kız verdiğini ispatlamak için bağlar bu kuşağı. Beyaz gelinliğin de vaktiyle bekareti temsil ettiği pek bilinmez Türkiye'de. Beyazın cazibesi her nedense daha sofistike kabul edilen yabancı tarz bir elbiseye prestij atfedilmesinde yatıyor. Pek çok gelin süslü tül duvaklar giyerken, dindar kadınlar da kristal ve kum inci işlemeli zarif başörtüler takar. Gelin başı tercihleri ne olursa olsun pek çoğu ayakkabılarının altına en yakın kız arkadaşlarının ismini yazar. İnanışa göre ilk kimin ismi silinirse ilk o evlenir. Hala bütün kızların evlenmesi beklenir, hatta ne kadar erken evlenseler o kadar iyi kabul edilir. Kaygılı annelere, dedikoducu teyzelere teslim olmayan kariyer odaklı kızlarsa, bir türlü ortalıkta gözükmeyen mükemmel aşk evliliğini arzularken, otuzlarına varınca ciddi ciddi *görücü usulü evliliği* düşünmeye başlayabiliyor. Tam bu noktada, yıllar evvel Sezen'in kuzeni Hamdi'nin yaptığı gibi ailelerinden uygun bir eş bulmaları için yardım isterler. Eş bulunduğu vakit, gelinlik, yüzük, düğün pastası, düğün yemeği gibi klasik işler halledilir. Bunun yanı sıra, Türkiye'de evlenmek isteyen herkes, yabancılar dahil, nikahtan önce kan tahlili yaptırmak zorunda. Benim yaşadığım muhitte, önce istenen tüm evrakla Kadıköy'deki nikah dairesine başvurulması gerekiyor. Bütün belgeler damgalanıp onaylandığında çifte hangi kliniğe gideceği söyleniyor. Kan örneği verdikten sonra diğer tüm çiftlerle beraber öğleden sonra saat üçte sonuçları almak için endişeyle beklemeye koyuluyorsunuz. Sonra apar topar mesai bitmeden nikah dairesinde size atanan memura yetişmek için deli gibi koşturmanız gerekiyor. Ülkenin tamamında tıpatıp aynı prosedür uygulanmasa da belli başlı unsurlar değişmez. Mesela gerekli gereksiz bütün belgeleri yüklenmeniz, hiçbir yere yapıştırılmayan ama bir daha yüzünü göremeyeceğiniz birkaç pasaport fotoğrafınızı vermeniz, neye ihtiyacınız olduğunu o ihtiyaç hasıl olmadan yalnızca birkaç dakika önce öğrenmeniz icap eder.

Nihayet büyük gün gelir çatar. Haftalar süren stres; elbise, mekân, yemek kararı gailesi, kuaförde saatler tutan makyajla, ağdayla, cımbızla işiniz bitmiştir. Resmî tören sona erdiğinde artık kutlama zamanı gelir. Türk düğünlerinde misafirlerin sarhoş olup gelinin nedimeleriyle apar topar mekândan ayrıldığı pek görülmez ama takı merasimine kadar saatlerce dans edilir. Çiftin memleketi ister küçük bir köy, ister ülkenin en büyük şehri olsun, düğünde kendilerine verilen hediye altındır. En yakın aile efradı genellikle bir örnek altın gerdanlık, yüzük, küpe ve bilezikten oluşan mücevher setleri takar geline. Onları takiben, uzak yakın diğer akrabalarla arkadaşlar da *çeyrek* altın takar. Daire şeklindeki bu küçük altın, kenarındaki kurdeleli çengelli iğneyle gelinin takı kuşağına iliştirilir. Damada da takı takılır. Toplanan altınlar önemli davetlerde ihtiyaç duyulana kadar saklanır, sonra rayiç bedele satılıp yeni bir eve ya da yenidoğan bebeğe harcanır. Bazı misafirler kâğıt para getirir, uluorta gelinliğin etek kısmına iğneleyiverir.

Akrabalarınızın, arkadaşlarınızın düğününde siz altın ya da para ne takmışsanız evlenme sırası size geldiğinde onlar da aynıyla karşılık verirler. Bazı kibar Türk kız arkadaşlarım bu adetten utanıyor. Herkesin kime ne taktığını bilmesini yakışıksız buluyorlar. Bense bu adetle resmî bir hediye kayıt defteri tutmak arasında pek fark göremiyorum açıkçası. Onda da herkes her hediyenin fiyatını ve kimin ne kadar para harcadığını görüyor.

Türk düğünlerinde son zamanlarda moda olan, pek tartışmaya da yol açmayan bir başka adet gelinin çiçeği fırlatması. Bekar bir Türk kız arkadaşım gittiği düğünden fotoğraflar paylaşınca öğrendim bunu da. İlk fotoğrafta gelin kalabalık bir genç kız grubuna arkası dönük duruyor. Bir yanında üç ufak kız yerlere kadar uzanan saten elbiseli, dağınık fönlü, küçük lüleli saçlı, profesyonel makyajlı güzel genç kızlara hayran hayran bakıyor. Gelin elindeki buketi ardında bekleyen gruba fırlatmaya hazır. Bu hareket, her bekar genç kızın bildiği üzere, gelinin ayakkabısının altına isim yazmanın Batı versiyonu. Buketi kim kaparsa ilk evlenecek odur. Bir

101

sonraki fotoğraf karesine giren arkadaşım, ismi kalsın, rakiplerini dirsekle dürtüyor. Son karede ise muzaffer bir edayla çiçekleri başının üzerinde tutuyor. Bu fotoğraflar yazın çekilmiş. Sıcak yaz aylarında düğünler daha yaygın olduğundan aynı arkadaşım başka düğünlere de gitmiş. İkinci, üçüncü, hatta dördüncü kez buket yarışını başarıyla kazandığını gösteren fotoğraflardan sonra gaddarca sataşıp, tek bir buket yakalaman yeterdi evliliği garantilemek için dedim.

Mahçup bir biçimde evliliğe henüz hazır olmadığını söyledi. Otuz yaşında, iyi bir işi, rahat bir evi, müthiş bir sosyal hayatı var. Dışarıda yemeğe çıkıyor, tango öğreniyor, arkadaşlarıyla takılıyor. Günün birinde evlenirim ama henüz değil, diye ekliyor. Biliyorum ki o gün geldiğinde düğünü bütün Doğu ve Batı adetlerinin bir harmanı olacak. İster taşrada, ister şehirde olsun, günümüz Türkiye'sinde düğünler, geleneksel ve moderni bir araya getirip yeni ve Türklere özgü bir eser ortaya koyuyor. Türkler çeşit çeşit, Türklük de bir o kadar değişken olduğuna, bu eser sürekli farklı hallere bürünüyor.

TÜRKÇENİZİ GELİŞTİRME KILAVUZU

Türkçemi nasıl geliştiririm diyorsanız, tek kelimelik bir tavsiye vereyim: Bürokrasi. Masraflı dersleri, pahalı kitapları unutun. Bürokratik bir iş halletmek için tek bir gününüzü ya da belki ömrünüzün tamamını harcadınız mı anadili Türkçe olanlar kadar iyi konuşacaksınız bu dili. Aynı kişiye *yedi* farklı sefer aynı soruyu sorup, *sekiz* farklı *cevap* aldığınızda, veya aynı şeyi sekiz kişiye yedi kere sorup birbirini tutmayan sayısız cevap aldığınızda psikiyatrik desteğe ihtiyaç duyabilirsiniz ama Türkçeniz de ilerlemiş olur. Sizi temin ederim.

İstanbul'da bir devlet üniversitesinde işe başladım yakın zamanda. Türkiye'de üniversite çalışanlarının indirimli toplu taşıma, ucuz tatil konaklaması ve ücretsiz yemek gibi avantajları oluyor. Ama artık yirmi birinci yüzyılda yaşadığımız için, doyurucu bir yemek yemeden evvel personel *yemekhanesinin* girişindeki adama personel numaranızı verdiğiniz günler epey geride kaldı. Artık hem kimlik yerine, hem de kampüste yiyecek gibi şeyler alırken kullanabileceğiniz bir nevi kredi kartı görevi gören üniversite *kimlik* kartınız oluyor.

Bu kartı edinmek demek Türk bürokrasini yerinde tecrübe etmek demek. Türkçe alıştırma yapabileceğiniz ilk yer çalıştığınız bölümün tüm evrakıyla ilgilenen ufak şirin adamın ofisi. Dikkatlice "üniversite kartımı almak istiyorum" diyorsunuz, o da minnacık bir kâğıda görüşmeniz gereken kişinin ismini yazıyor. *Personel dairesinin* nerede olduğunu tarif ederken, jestlerle birlikte kullanılınca Türkçe edatları öğrenmenin o kadar da zor olmadığını anlıyorsunuz. Doğru binayı ve katı tespit edince, memur odalarıyla dolu koridorlardan bir aşağı bir yukarı yürürken karşılaştığınız herkese filancanın ofisi nerede diye soruyorsunuz. Daha evvel bilmediğiniz o uyuz edatı kullanıp ofisi bulana kadar mükemmel bir biçimde sorar hale geliyorsunuz bu soruyu. Ofise girer girmez *kolay gelsin* ifadesini cümle içinde kullanıyor, ilettiğiniz bu iyi dilek sayesinde memurların size yardım edeceğini umuyorsunuz. *Maalesef* size tebessümle karşılık vermeyen tek kişi yardımına ihtiyaç duyduğunuz kişi oluyor. Bitmek tükenmek bilmeyen on dakika boyunca kırık dökük Türkçenizle maruzatınızı tekrar tekrar anlatıyor, karşınızdakinin ne dediğinizi anladığına dair bir işaret umuyorsunuz ama kadın homurdanarak "Gidin, on on beş gün sonra gelin." diyor. Koridora geri dönüp çıkış kapısını aramaya kalktığınız an iyi duyamadığınız o tek kelimenin *iş* olduğu dank ediyor. Anladığınız kısma bu bilgiyi de eklediğinizde on ila on beş *iş* günü beklemeniz gerektiğinin farkına varıyorsunuz. Türkiye'de on on beş iş günü denmişse ne olur ne olmaz onu yirmiye yakın bir süre gibi düşünmek lazım. *Bayram* filan geçip de yirmi günü devirdikten sonra, herhangi bir talepte bulunmadan evvel hep *kolay gelsin* dediğiniz, *tatiliniz, hafta sonunuz,* ya da *akşamınız* nasıl geçti diye sorduğunuz için size kanı ısınan o ufarak ilk adama tekrar gidiyorsunuz. Size tebessüm etmeyen kadını aradığında, biçare adamın dediklerine kulak kesiliyorsunuz elbette. Anlayamayacağınız kadar hızlı konuşuyor ama *çıkmış* kelimesini duyunca ilkin bir panikliyorsunuz. Neyse ki adamın rivayet edilen geçmiş zaman kullandığını, kart çıktıysa bile kendi görmediği için öyle dediğini idrak ediyorsunuz. *Miş* ekini söylenenin doğruluğundan emin olmadığı için kullanmamış.

Edat içerikli yeni talimatlar alıp, küçük banka şubesini düşündüğünüzün aksine kafeteryanın arkasında değil yanında buluyorsunuz. İçeri girdiğinizde sıcakkanlı bir adam *TC Kimlik Numaranızı* ve *ikamet belgenizi* görmek istiyor. Resmî kimlik numaranızı gösterip, cüzdanınızdan oturma izninizi çıkardığınızda dört yere imza attırıyor adam. Türkçeniz epey gelişmiş olsa da henüz o kadar da ileri seviyede değil, o yüzden hiç tasasız, yazılanları okumayıp imzalayıveriyorsunuz belgeyi. Sonra, kuaförden çıkınca çektirdiğiniz fotoğrafınızı taşıyan şirin bir üniversite kimlik kartı veriyor size. Kuaförde Türkçenizi ilerletmekten hoşlanıyorsunuz, zira bir sürü mükerrer kelime kullanılıyor, kelimeler yetmeyince de elemanlar bağırmak yerine -bağırınca sanki daha iyi anlayacakmışsınız gibi- jestlerle kendini ifade etmeye başlıyor. Kibar adam sonra bir sürü şeyi ayrıntısıyla uzun uzun izah etmeye başlıyor. Birkaç teşebbüsten sonra kartı aktif hale getirmek için bir *şifre* almanız gerektiğini anlıyorsunuz. Pin numarasıyla kartınıza para yükleyebilir, kampüste mesela öğle yemeği yemek için kartınızı kullanabilirmişsiniz. Önce, bankaya mesaj yollayarak *şifre* edinebileceğinizi söylüyor. Türkiye'de alışkın olduğunuz üzere sizin adınıza bu işlemi yapmayı teklif ediyor, siz de kabul ediyorsunuz. "Adama mevcut hesaplarımın hiçbiriyle alakası olmayan bir pin numarası söyleyeyim, iyi birine benziyor ama dikkatli olmakta fayda var" diye aklınızdan geçirirken adam mesajı yolluyor ama *maalesef* banka mesajla pin numarası vermiyormuş. Cep telefonu numaranızı güncellemeleri için ilgili bankanın ilgili şubesine gitmeniz gerekiyor.

Kayıtlarında olmayan bir cep telefonu numarasını nasıl güncelleyecekleri kafanızı kurcalıyor ama adamın kullandığı "güncelleme" ifadesinin ne manaya geldiğini sorgulamanın sırası değil şimdi. Ofisinize dönüp bizzat bankayı arıyorsunuz. Artık hava durumundan uzun uzadıya bahsedecek kadar Türkçeniz var ama illa lazım değilse bu kavurucu sıcakta bankaya kadar sürünmek istemiyorsunuz. Genel merkeze telefon açıyor, kolaya kaçıp İngilizce menü için dokuza basıyorsunuz. Kibar, mütereddit bir genç erkek sesi yavaş ama düzgün bir İngilizceyle konuşmaya başlayınca siz de benzer üslupta karşılık veriyorsunuz. İngilizce öğretmenisiniz sonuçta, nezaketten bir şey çıkmaz. Bir kere daha neden aradığınız ve kendisinden ne beklediğinizle birlikte tüm süreci tekrar anlatıyorsunuz. İlk önce şubedeki adamın yolladığı mesajın aynısını yollamanız gerektiği, telefonda pin numarası verilemeyeceği söyleniyor tekrar, ki bu kadarını zaten biliyorsunuz. Telefonun öbür ucunda, çağrı merkezindeki adam bu sefer evet bankaya gitmeniz, mutlaka o şubeye gitmeniz lazım diyor, tıpkı ilkin tahmin ettiğiniz gibi. "Yanımda üniversite kartım, resmî kimlik numaram ve oturma iznim var, olur mu?" diye sorduğunuzda, "Onlar yeter." diyor adam. Yine de emin olmak için "Pasaporta gerek var mı?" diye soruyorsunuz, "Hayır gerek yok." diyor. Telefonu kapadığınızda içiniz sevinçle doluyor. Tam bir kazan-kazan durumu. Adam İngilizce konuşma pratiği yaptı, siz de kampüsteki banka şubesi çalışanının söylediklerini anladığınızı tasdik ettiniz. Kayıt masrafıyla, derdiyle uğraşmadan Türkçe dersi almak gibi oldu.

Başarınızın verdiği neşeyle on beş dakika boyunca güneşin alnında mümkün mertebe gölgeden yürüyorsunuz. Bankanın tam da size verilen adreste olduğunu görünce memnuniyetle ama ter içinde hayret ediyorsunuz. Türkiye'de size verilen adres tarifine her zaman bel bağlanmaz. İçeri girip serin *klimanın* tadını çıkarırken bilet makinesindeki seçenekleri okuyorsunuz yavaşça. Nihayet *bireysel müşteri* seçeneğine basıp *T.C. Kimlik Numaranızla* sıra numarası alıyorsunuz. Neyse ki yalnızca birkaç dakika bekledikten sonra gişeye geçiyor, üniversitede yeni işe başladığınızı söylüyorsunuz. Üniversite kimlik kartınızı gösterip "Pin numarasına ihtiyacım var." diyorsunuz. Telefonla kayıt yaptırmayı denediğinizi ama telefon numaranızın bankanızın kayıtlarında olmadığını söylüyorsunuz kadına. Cümleleriniz bitince umutla gülümsüyorsunuz.

"Yanlış sıradasınız." diyor. Kadının parmağıyla işaret ettiği yeri takip edip, yan yana dizili dört masanın ardındaki tek kadın işlerini görsün diye bekleyen beş adama selam veriyorsunuz. Kimin sıranın en sonunda olduğunu anlamak için sayı sayma becerilerinizi sınıyorsunuz. Sıra yine size geldiğinde, neden burada olduğunuzu Türkçe ikinci kez izah etmek kolaylaşıyor. Memur sizi oturtup uzattığınız üniversite kartınızı elinizden alıyor. "Pasaportunuzu görebilir miyim?" diyor. "Yanımda yok, bankanın genel merkezindeki adam gerek olmayacağını söylemişti." diyorsunuz. *"Maalesef"* diyor, "Pasaportun aslını görmem lazım yoksa telefon numaranızı kaydedip pin numarası veremem size." "Pasaport numaramı biliyorum, söyleyebilirim." diyorsunuz. *"Maalesef"* diyor iç geçirerek. "Bir devlet dairesi çalışanı pasaportu görmeden oturma izni verilmiyor yabancılara." diyorsunuz. "Kim olduğumun ispatı için *ikamet* belgemi neden kabul etmiyorsunuz?" diye soruyorsunuz. Diğer bankalar ve devlet dairelerinin hepsi her zaman kabul etmese de yeterli sayıyor bu belgeyi. Resmî kimlik numarası için de aynı şey geçerli. O numarayı da alamıyorsunuz eğer oturma izniniz yoksa eğer işte, yani ... ama *"Maalesef"* diyor, ki artık bu kelimeden nefret

109

eder oldunuz, pasaportunuz yoksa kayıtlarına hiç geçmemiş telefon numaranızı *güncelleyemezlermiş,* pin numarası alamaz, kartınıza para koyup mesela saatler önce yemiş olmanız gereken öğle yemeğinin parasını ödeyemezmişsiniz. Neyse ki tüm bunların haricinde iyi bir haber de veriyor. İlla bu şubeye gelmeniz gerekmiyormuş meğer. Pasaportunuzu istediğiniz şubeye, hatta evinizin bir dakika yürüme mesafesindeki şubeye bile götürseniz pin numaranızı alabilirmişsiniz. Ertesi sabah pasaportumla mahallemdeki şubeye gidip bankayla ikinci bir sözleşme imzaladım. Emin olmak adına, tavsiye edilenin aksine *üç* değil *dört* iş günü bekleyip üniversiteye ve yemekhaneye giriş kartımın *şifresini* öğrenmek için bankaya mesaj yolladım. Her gün denememe rağmen çabalarım boşa çıktı. Kartıma para yükleyebileceğim bir pin numaram olmadığı için, meslektaşlarım *yemekhaneye* gidip yalnızca birkaç liraya üç kap yemeğin tadını çıkarırken, ben kendi yemeğimi yanımda götürüp tek başına oturmak zorunda kalıyordum. *Pasaportumu* gösterip genel *merkezle* nafile bir telefon görüşmesi daha yaptıktan ve bankayla ikinci sözleşmeyi imzaladıktan altı iş günü sonra, evimin yakınındaki *şubeye* tekrar gittim. Yokuş aşağı kan ter içinde kalarak yürüyünce köşede kalan diğer şube teslim almış bütün belgelerimi, haliyle pin numarama erişebilirmişim artık falan filan.

Kendilerinde mevcut olmayan bir bilgiyi nasıl güncelleyecekler hala aklım almasa da, memura bir kez daha dedim ki "Pin numarama hala erişemiyorum çünkü telefon numaramın *güncellenmesi* gerekiyormuş." Dudaklarımızı ısırıp kendi anadillerimizde "hmmm" sesi çıkardığımız esnada memur bir yandan bilgisayarın klavyesini tuşluyordu. Aniden "A, telefon numaranızı kaydetmemişler." deyip numaramı sordu. Bilgisayarda gizemli birkaç şey daha yaptıktan sonra imzalamam gereken bir form yazdırdı. Forma bakınca hakikaten ben ben miymişim, az önce söylediğim telefon numarası gerçekten benim numaram mıymış diye sordu. Bu soruları sormak için pasaportuma ihtiyaç duymaları tuhaf geldi, zira pasaportumda telefonum yok, nasıl kontrol edecekler? Burası Türkiye. Tecrübelerime dayanarak, tüm bunların ardında illa ki biraz olsun mantık vardır diyorum. Galiba yani. Ben numarayı tasdik edip gösterilen yeri imzalayınca kadın belgeyi taradı, bir yere e-posta yolladı ve yerinden kalkıp müdürle görüşmeye gitti. Buzlu camın ardındaki konuşmalarını endişeyle izledim. Kadın hemen geri geldi ve pin numarası talebim için *yine* mesaj yollamamı istedi.

Dediğini yaptıktan sonra çabucak, bu sefer farklı bir *mesaj* geldi. Türkçem yetmedi mesajı anlamaya. Telefonumu kadına uzattığımda hemen okuyup tamam, oldu dedi. *"Gerçekten mi?"* diye sordum. Gerçekten kartıma para yükleyip personel yemekhanesinde yemek yiyebilecek miydim artık? *"Kesinlikle"* diye cevap verdi, istesem şu an bile çıkıp ATM'den para yatırabilirmişim. Bu teklifi reddettim. Kadın muhakkak halloldu dediyse de, pin numaramı alıp aynı gün hesabıma para yatırabileceğim fikri inanması güç bir ihtimaldi.

Nihayet pin numarama sahip olduğum an gülsem mi ağlasam mı bilemedim. Hafif serseme dönmüş halde sıvıştım şubeden. Sorun çözülene kadar bir iki sömestr daha evden okula yemek götürürüm herhalde diye düşünüyordum hakikaten.

Düşünüyorum da, şimdi de kablolu televizyon şirketiyle yaşadığım sorunu çözebilecek miyim bakalım …

FENERBAHÇE PARKI'NDA PAZAR GÜNLERİ

Marmara Denizi'nin kıyısında ağaçların altına oturduğumda, fısıltı misali esip boynuma dökülen saçlarımı uçuşturan meltemin tadına vardığım an yaz aylarını İstanbul'da geçirdiğimi unutuveriyorum. Masamızın üzerine gölgelik eden ağacın gür yaprakları sayesinde sıcağın şiddetinden korunuyorum. Ağustosta sıcakların kırk derece civarını gördüğü oluyor. Bugünlerde gece yirmi sekiz derecenin altına düşmüyor. Hava aşırı nemli. Daha yataktan kalkmadan ter içinde kalınca, erkenden parkın yolunu tutup saat sekiz buçuğu geçmeden girişe varıyoruz. Aksi takdirde masa bulamıyoruz zaten. Saat yediden itibaren kahvaltı yapmaya, dokuz gibi de nefis lezzetlerle dolu sepetlerini yüklenmiş pikniğe gelenler oluyor. Dokuz gibi gelenlerin bir kısmı üzerine örtü serili masaları tek başlarına tutarken araba sahipleri dönüp mutfağın geri kalanını boşaltmaya gidiyor. Epeyce süre kimse gelip oturmasa bile, üzerine piknik örtüsü serili masaların dolu olduğunu bilir herkes.

Benim kendimize ait küçük bir sahil kenti parçası gibi düşündüğüm bu mekânı halk ismini halen *bahçede* duran *fenerden* alan Fenerbahçe Parkı olarak biliyor. 16. yüzyılda Kanuni Sultan Süleyman geçen gemilere kılavuzluk etsin diye deniz kıyısındaki kayalığa bir fener konmasını emretmiş. Yıllar geçtikçe park zengin, göze de hitap eden bitki örtüsüyle bilinir olmuş. Osmanlı İmparatorluğu döneminde insanların hava alıp dolaştığı meşhur bir yer haline gelmiş. Yirminci yüzyılın ortasına gelindiğinde ise, onca yıllık ağaçlar, ağaçların gölgesindeki güzelim yürüyüş yolları otoparkların, çöplerin istilasına uğramış. 1989 yılında parkın yönetimini nihayet Türkiye Turing ve Otomobil Kurumu devralınca, parkı eski ihtişamına kavuşturmak üzere zahmetli bir girişimde bulunmuşlar. Neyse ki yaşlı ağaçlar dayanıklı çıkmış da bugün hala parkın dört bir yanına yayılan yürüyüş yollarının, çardakların çoğuna gölgelerini bırakıyorlar.

Park ufak bir köprüyle kıyıya bağlanan kayalıklı bir çıkıntı üzerine kurulu. Bir yanında seçkin, lüks Kalamış marina, öteki tarafında ise "plaj" tesisi gibi hizmet veren kafe ve restoranlar dizili. Günlük bir ücret karşılığında şezlongda uzanıp, emniyet filesiyle çevrili alanda yüzebilir, bitince yenisi demlenen çayla tost atıştırabilirsiniz. Parkın etrafını saran sular Boğaz'ın kuvvetli akıntılarıyla Marmara Denizi'ni yarıp geçen

114

gelgitler birleştikçe hareketleniyor. Öyle olunca, yosunlar kıyıya vurmadıkça su pırıl pırıl, tertemiz kalıyor. Birkaç yıl önce belediye istinat duvarlarını onarıp denize girişi kolaylaştırınca, haftalık pikniklerimiz esnasında mutlaka denize girer olduk. Ağaçların altında bir masa kaptıktan sonra, masa örtüsünü yayıp yiyecekleri serince, arkadaşlarımızı beklemeye koyuluruz. Gün boyunca seyahatte, işte, dil pratik gruplarında vesaire tanıdığımız çeşit çeşit insan katılır aramıza. Yeterince kalabalığa ulaştığımızda suya dalma vakti gelmiş demektir.

Denize girebilmek için Türk ailelerin oturduğu masaların kenarından geçmemiz gerekiyor. Çoğu, Türklerle yabancıları bir arada toplayan grubumuza dönüp bakıyor. Bizim kâfilede erkekler yalnızca mayo ve lastik terlik giymiş, kadınlar ise burada son derece cüretkar kaçacak şekilde mayolarının üzerini havluyla sarmış halde ilerliyoruz. Parkı ara sıra ziyaret edenlerin yanı sıra müdavimler de var. Trafiği yoğun iki ana arterin arasındaki yoksul semt Fikirtepe'den birkaç nesil birlikte gelenler mesela. Gidip sormadım ama eminim babaları haftanın altı günü çalışıyor, kalan bir günlük tatilde de başka bir yere gitmeye maddi durumları elvermiyordur. Fenerbahçe Parkı'nda geçirdikleri Pazar günleri onların yaz tatili.

Ailenin büyüklerinden çok çocukları, özellikle de gözlüğü olmayınca görme yetisi yarıya düşen utangaç küçük Emin'i tanıyoruz. Emin'den yaşça büyük, daha iri kuzeni onu denizde daha derinlere götürmeye heveslendirir, cesaretini ölçmek için şakalar yapar. Bana *abla* diye hitap eden, yabancı biriyle konuştukları için besbelli heyecanlanan, kibar, iyi yetişmiş çocuklar. Birkaç hafta geçince, anneler çekinerek de olsa hoşbeş etmeye başladı bizimle. Babalar ise ne benimle, ne de arkadaş grubumuzdaki diğer kadınlarla konuşur, asla mayomdan yana da bakmazlar. Kendi ailelerinde giysilerle suya giren kadınlara kıyasla benim mayom biraz açık seçik kaçar onlara. Müslümanların mayo yerine giydiği, tüm vücudu örten *haşema* Türkiye'de iyice yaygınlaşsa da bu ailenin *haşema* almaya gücü yeter mi emin değilim. Oğlanlar şortla yüzüyor, kızlar da cesaretlerini toplayıp suya girmeye kalkınca üzerlerine iyice bol bir tişört geçirip örtünüyorlar.

Çocukluklarından beri burada yüzdüklerini tahmin ettiğim bir grup yaşlı adam denize doğru inen geniş teraslı beton basamakları mesken tutar. Bronzlaşmış tenleri güneşe uzun süre maruz kalmaktan pörsümüş.

Sabah buraya erkenden gelip kumtaşı istinat duvarıyla bitişik, plastik kaplamalı derme çatma bir kulübe diker, biraz gölge etsin diye üstüne kumaş atarlar. Bu ufak gölge parçası altında tavla oynayıp sohbet ederler. Kurulandıkları havluları, naylon çöp poşetlerini, inşaat esnasında duvarın çatlaklarına üstünkörü geçirilmiş çivilere asarlar. İçlerinden biri sıcak terasın üstünde gözleri kapalı, sırt üstü yatar hep. Uzun bol şort giyen diğer adamların aksine bu adam kısacık, aşırı bol slip mayosuyla bacaklarını iki yana iyice açıp uzanır. Bazen, oraya yaklaşırken geldiğim açıya göre, beni utançtan yerin dibine sokacak bir şey görmeyeyim diye gözlerimi başka yana çeviririm. Suyun yakınına vardıkça, diğer bütün adamlar durup başını kaldırır, gülümser ve başıyla onay verir bana. Parkın sahibi onlardır ama yüce gönülleri sağolsun, başka insanlarla da paylaşmayı bilirler. Selamlarına karşılık verip havlumu serecek yer ararım.

Süleyman, suyun hemen altındaki kayalar yüzünden denize uzanan çıkıntıya lamba çakılsın istemişti. Bunların bir kısmı şimdi deniz kenarında sığ bir havuz oluşturacak şekilde dizilmiş, ufak çocukların neşeyle oynadığı, birbirlerine su sıçrattığı bir yer oldu. Taşlarla örülü bu duvar çocukları güvende tutarken, gözü pek olanlara mükemmel bir sıçrama noktası sunuyor. Emin'in cesaret etmeye yanaşmadığı hareketleri yapsın diye kuzeni burada sataşıyor, kenar mahallelerden yani *varoşlardan* gelen yetişkin ve genç erkekler ileriye, suyun derinliklerine doğru buradan dalıyor. Ağır bedensel işlerde çalışan, az eğitimli bu erkekler kotlarını çıkarıp dize kadar inen çamaşırlarıyla yüzüyorlar. Onlardan bahsedilirken kullanılan *varoş* sözcüğü coğrafi bir mekâna değil, ait oldukları sınıfa işaret eder aşağılayıcı bir şekilde. Batılı tarzda mayo giymiş, annelerinden genç her kadına iştahla gözlerini diker, gelgelelim yakalandıkları an mahçup mahçup birbirlerini dürtlerler.

Çabucak dalgakıranın ötesine geçip açık denize doğru yüzmeye koyuluyoruz. Birbirimizden uzağa açılıp, sık sık yanımıza aldığımız tenis topuyla yorulana dek yakalamaca oynuyoruz. Su üstünde durmaya devam edip dedikodu ediyor, aylak aylak akıntıyla beraber sürükleniyoruz, ta ki Adalar'a giden vapurların güzergahına yaklaşmak üzere olduğumuzu fark ede dek. Artık kıyıya dönme vakti geliyor. Genellikle, sığ göletin hemen kenarında, suyun altında kalan kayalıkların üzerinde dikilip, kabaran denizin sakinleşmesini bekleriz. Durduğumuz yerden, kendi

118

batık kayaları üzerinde yükselen yaşlı adamları seçebiliyoruz. Suya iyice gömülü kayadan uzaklaşan dalgalar adamların ayak bileklerine çarpıyor. Alacakaranlığın gölgesindeki silüetleri, İncil'de tasvir edildiği haliyle Galile Denizi kıyılarında dolaşan İsa'yı andırıyor. Havarilerin aksine kurtarılmayı beklemiyoruz biz tabii. Etrafımızdan geçen araçlar denizi çalkalayıp kuvvetli dalgalar savurduğundan, aradaki boşluğu yüzerek geçmeye çalışmak güvenli değil. Önüme çıkan ilk fırsatta yosunla midyelerin tutunduğu kayaların üzerinden torpido misali sıçrayıp sığ sularda oynayan küçük çocuklarla yüzme bilmeyen insanların arasına dalıyorum.

Masamıza dönüp öğle yemeği için ekmeği, ya birinin annesinin yaptığı ya da o kadar talihli değilsek marketten aldığımız *yaprak sarmayı*, pikniğimizin müdavimlerinden bir erkek arkadaşımızın *patatesli böreğini*, fırında pişmiş tavuğu, yeşil salatayı, dip soslarla mezeleri çıkarıyoruz. Geç gelenlerin kek, çikolata, bazen de bütün kavun getirdiği oluyor. Parka ilk geldiğimiz yıl sıcak ya da soğuk içecek alabileceğimiz iki yer vardı, ikisi de pahalıydı. Bunlardan ilki masalsı, göz kamaştırıcı beyazlığıyla dev bir ferforje seraya benzeyen Romantika. Üst sınıf

119

İstanbulluların hayal mahsülü denecek kadar acayip kuş kafesleri, yere doğru sarkan dev aşk merdivenleri arasından geçip metrelerce uzanan mükellef bir açık büfe brunch sofrasının tadını çıkararak bir yandan çay yudumladığı bir yer burası. Romantika'nın alternatifi ise parkın muhtelif yerlerini tutmuş büfeler. Hepsi öyle pahalıydı ki, şişe suyumuzu nöbetleşe getirelim dedik. İkinci yılımızda ise aramızdan en az üç kişi termosla çay ve kahve getirmeye başladı. Diğer piknikçiler bizden de hazırlıklı çıkmış, *çaydanlıkta* çay demlemek için ufak piknik tüpleriyle gelirlerdi. Arkadaşlarımıza göre, nihayet bir *çaydanlığımız* olduğuna göre yarı Türk sayılırmışız. Ben kahve tutkunuyum. Türk çayı demleme sanatını ustalıkla icra ettiğim vakit beni tam bir Türk kabul ederler diye ümit ediyorum.

Karnımız doyunca oturup zevkle önümüzden geçen insanları izlemeye başladık. Gülücük saçan çocukları badi badi yürürken gururlanan toy ebeveynlere karşılık nineler ve dedeler torunlarını makul bir şaşkınlıkla ya da sürpriz bir dehşetle izliyor. Çocukların göz hizasında, gidip dokunabilecekleri kalabalık bir ortam var, zira park bir sürü başıboş kedi köpekle dolu. Köpekler çok korktukları insanların yanlarına yaklaşmıyor ve tıpkı kediler gibi masalardaki yiyeceklere daha meraklılar.

Bazen kedilerin yanaştığı bu minik insanlar gördükleri ilgiye cevaben hayvanların kuyruğunu yakalayıp çekmeye çalışıyor. Kediler kaçınca da hemen kovalamaya başlıyorlar. Büyükler seslenmeye kalkınca çocuklar aniden duruyor, altlarındaki bez dengelerini bozunca da pat diye yere düşüyorlar. Çocukların öfkeyle bağrışına annelerin, anneannelerin korku dolu haykırışları karışıyor. Hal böyle olunca *dokunma, koşma, yapma* gibi ifadeler Türk çocuklarının ilk duyduğu sözcüklerden oluyor. Dokunmamayı, koşmamayı ve aslında hiçbir şey yapmamayı ne kadar çabuk öğrendiklerine şaşmamalı.

Parktaki aile gruplarının arasında genç çiftler el ele aheste aheste yürür. Muntazam traşlı genç erkekler yanlarındaki genç kadınlara çekingen bir alaka gösterirken, oturarak yenen bir akşam yemeğine yakışır kıyafetler içindeki kadınlarsa elverişsiz yüksek topuklu ayakkabılarıyla sendeleye sendeleye ilerler. Gençlerin tek mahremiyeti parktaki bu yürüyüşler. Piknik yapan ailelerin, çığlık atan çocukların, başıboş kedi köpeklerin curcunasından istifade sırnaşıp ara sıra kaçamak öpücükler verirler birbirlerine. Anca bir düğün alayının yanından geçtiklerinde farkına varırlar etraflarında olup bitenin. Bu park düğün fotoğraflarının gözde

121

mekânlarından. Her Pazar yirmi kadar yeni evli çift poz verip, bekleyip, üstünü başını düzeltip, hazırlanıp fotoğraf çektirir burada.

Utangaç gelinler parkta gezinirken yan masalarda kadın erkek herkes dönüp gelinliğe not verir. Bizim masa ise gelinlere on üzerinden puan verip, mutlu çiftin nasıl tanıştığına dair hikayeler uydurur. Şaşırtıcı bir şekilde en güzel gelinler genelde muhafazakar olanlar. Daha modern gelinler yüzlerini kat kat makyajla gizlerken, onların yüzleri mütevazı başörtülerin altında neşeyle parıldar. Alçak kumtaşı duvara yaslanan kız rüzgarın kuvvetle estiği bir anda yuvarlanıp suya düşer mi acaba diye iddiaya girer, vakur damadın geline yukardan bakarak verdiği klasik poza güleriz, zira gelin bu poz uğruna damadın birkaç basamak altına geçip eşinin boyunu uzatmıştır. Gelinle damada mutlaka nikah şahitleri, aileler, cart renkli parlak saten gece kıyafetli kadınlar ve dar smokinli erkekler eşlik eder. Hafif bir esintinin su damlacıklarını alıp götürdüğü bunaltıcı sıcaklarda, güneşin alnında dikilir hepsi. Ben üzerimde sırf mayo ve vücudumu örtsün diye giydiğim sarong tarzı pareo olmasına rağmen sıcakta erirken, onlarda terden, sıkıntıdan eser yoktur. İkindi vaktine kadar çoğunlukla en az iki kez daha yüzmüş olurum. Saat altı olunca artık gitme vakti diyoruz ve masayı temizlemeye koyuluruz. Öğleden itibaren herkes azar azar atıştırdığından sadece boş kapları, kirli tabakları ve çatal bıçakları toplar, masa örtüsünü katlarız. Bazı yıllar, ortalığı toplarken bizi izleyenler olur. Ramazan yani oruç ayı yaza denk geldiğinde, dolu masaların civarına serdikleri kilimlerin etrafında dolanıp duran insanlar masadakilerin kalkmasını bekler. Kalkacağımız iyice belli olunca yerimizi almak için izin isterler. Böylece bizim günümüz bitmek üzereyken onlarınki henüz başlamak üzeredir. Biz ağır ağır parktan ayrılırken onlar *iftar* sofrasını kurmaya koyulur. Hali vakti yerinde olanlar iftar için aileleriyle ve arkadaşlarıyla beraber ya restoranlara gider ya da klimalı, konforlu evlerinde güzel bir ziyafet çekerler. Yoksullarsa bir yandan yemeklerin, bir yandan akşam serinliğinin tadını çıkarmaya parka gelir. Şayet güvenlik görevlileri yerinden etmediyse bazıları geceyi parkta geçirir, gün doğmadan evvel sahura kalkar, sonra eve dönüp oruç tutar.

Ramazan yaz aylarına denk geldiğinde gündüz piknikçileri iyice seyreldiğinden sabahleyin parkta masa kapma yarışı da sakinler. Oruç tutan arkadaşlarımız pikniğimize ikindi vakti katılır. Yemek yemezler ama su yutmamaya özen göstererek yüzerler, bu tür kazaların bağışlandığını bilmelerine rağmen. Diğer aylarda ise akşam saat yedi civarı yüzmekten, yemekten ve muhabbetten yorgun düşmüş halde eve döneriz.

Ramazan'da genellikle parktan çıkıp sevdiğimiz bir restorana gider, arkadaşlarımızın *iftarına* eşlik eder, ne kadar talihliyiz diye geçiririz içimizden.

LOKUM

Bir Lokma Hayal

Lisede tarih okudum. Tarihleri aklımda tutmakta güçlük çektiğimden, dersten kalmasam da zorlanırdım. Öğretmenin tahtaya yazdığı renkten ve heyecandan yoksun bilgilerin, rakamların hiçbiri belleğimde yer etmezdi. Öte yandan, İstanbul'da tarih gündelik hayatın içine işlediğinden, burada yaşarken tarih bilgimi artırmak kolay. Yaptığım, gördüğüm şeylerin pek çoğu geçmişi içinde barındırır. Geçmiş burada şimdiki zamanın içinde tüm zindeliğiyle yaşar.

Türk mutfağı, özellikle tatlıları, bu ülkenin en sevdiğim özelliklerinden. Sütlaçlar, çikolatalar, pastalar, ne varsa tadına bakmışımdır ama lokum deyince akan sular durur. Nişasta, şeker ve çeşitli tatlandırıcılarla yapılan lokum Arapça *rahat-ül hülküm* yani "boğaz rahatlatan" ifadesinden geliyor. Bu rahatlık veren tatlıyı önüme gelen her dükkandan almam. Yıllar evvel Türk arkadaşlarımdan tavsiye istediğimde hepsi Ali Muhiddin Hacı Bekir'i önermişti. Buradan aldığım *lokumları* senelerdir zevkle yerim ama dükkanın tarihçesini henüz araştırabildim. Hükümdarlardan, haremin kıskanç kadınlarından, kadınlar kavga etmeyi bıraksın diye canla başla tatlı icat etmeye uğraşan ustalardan bahseden romantik hikayelere rast geldiysem de yaygın kanıya göre bugün lokum olarak bildiğimiz tatlı 18. yüzyılda yaşayan Bekir Efendi'nin eseriymiş.

Mekke'ye hacca gittiği için *hacı* unvanı taşıyan Ali Muhiddin Hacı Bekir 1777 yılında Karadeniz bölgesindeki Kastamonu'nun Araç ilçesinden İstanbul'a gelip, Eminönü'nde Yeni Camii yakınlarındaki Bahçekapı'da ufak bir şekerci dükkanı açmış. Bu dükkanda yapıp satmaya başladığı *lokumlarından* en meşhuru gül suyu aromalı *lokummuş.* Akide şekeri ve meyve şekerlemeleri de yapıyormuş. Şekerlerinin özgün dokusu ve itinayla hazırlanışı halkın ve Osmanlı hükümdarlarının beğenisini toplayan Hacı Bekir'e sarayın Şekercibaşı unvanı verilmiş. Bu esnada İstanbul'u ziyaret eden bir İngiliz bu "ağız dolusu lezzetten" öyle hoşlanmış ki, birazını memleketine götürüp arkadaşlarına "Türk lezzeti" (Turkish delight) diye takdim etmiş. 19. yüzyılda Hacı Bekir tesisi pek çok uluslararası fuara katılmış, bu son derece geleneksel Türk tatlısını dünyaya tanıtarak nice altın ve gümüş madalya kazanmış.

İstanbul'da birkaç dükkanı var Hacı Bekir'in ama ben kendi alışveriş muhitimdeki Kadıköy şubesine

126

giderim. Yay şeklinde ahşap kaplama vitrine göz atarken tabak tabak meşhur lokumları ve lokumlar kadar meşhur olmasa da en az onlar kadar şahane, çeşit çeşit aromalı *badem ezmelerini* görünce ağzım sulanıyor. Ahşap ve cam kapıdan girdiğimde, açıldığı 1930 yılından bu yana çok az şey değişmiştir içeride diye düşünerek gülümsüyorum.

Ufak bir oğlan çocuğu oradan oraya zıplayıp teşhirdeki yiyeceklere işaret ediyor, hepsinden bir tane alın diye anne babasına yalvarıyor. Yavaş ama kendinden emin bir halde rengarenk şekerle dolu eski, ahşap bir dolaba ilişiyor. Çocuk zevkten dört köşe halde yüzünü tertemiz parıldayan cama yapıştırdığı vakit annesi babası hangi paketi alsak diye düşünmeye başlıyor. Dükkanın her yanında rafların üzerine intizamla dizilmiş hediye paketleri var. İster çikolata ister *lokum* olsun, tatlı hediye etmek Türk kültüründe çok önemli bir rol oynar, doğumdan ölüme her hadiseye tatlı eşlik eder. Yeni doğan bebekleri görmeye gelenlere hala badem şekeri, biri ölünce kırkında ya da elli ikisinde *lokum* ikram edilir. Vefatın birinci yılında da yine *lokum* ikram edilir ve *mevlit* okunur. Dükkandaki oğlanın annesi şatafatlı bir kadifeye sarılmış dolgulu kare kutuları incelerken, babanın tercihi Türkiye

127

Cumhuriyeti'nin kuruluşu anısına tasarlanan logo baskılı daha sade, yuvarlak, ahşap kutulardan yana. Ailenin yanında dikilen yaşlı bir adamla eşi külahta *akide* şekeri almak üzere sabırla bekliyor. Önlerinde ince, pirinç veya bakır levha kapaklı uzun cam kavanozlar dizili. Kavanozların içindeki şekerlemeler egzotik ve pahalı duruyor. Eskiden şeker fahiş fiyata satıldığından akide şekeri çok değerliymiş ve şekerin kıvamı tutmadığı için yapımı da zormuş. Rafine şekerle kıvam daha iyi tutturulsa da *akide* yapmak hala meşakkatli. Yüzleri çizgilerle, kırışıklıklarla bezeli bu müşteriler durup hangisini seçsem diye bakındıkları anda çocukluk hallerini görür gibi oluyorum. Güllüyü mü, tarçınlıyı mı, çikolatalıyı mı yoksa naneliyi mi alsalar? Kibar tartışmaların ve mutlu sonların eşlik ettiği ciddi bir ritüel bu. Belli ki *akidenin* değeri, tadı kadar akla getirdiği hatıralarda yatıyor bu çift için. *Akide* kelimesi aynı zamanda "inanç" demek. Akide şekerleri Osmanlı döneminde sadakat yemini niyetine kullanılırmış. Padişahın saray muhafızları Yeniçeriler üç ayda bir maaş alırmış. Maaşlarından memnun kalırlarsa, padişaha sadakat nişanı olarak sarayın ileri gelen görevlilerine ağızları sulandıran bu *akide* şekerinden ikram ederlermiş. Memnun kalmadıklarında ne yaptıkları ise başka konu.

Titrek siyah beyaz desenli fayansla döşenmiş zeminden ilerleyerek dükkanın arkasına geçtiğimde eski, zarif bir çağa adım attığımı hissediyorum. Oturup Türk kahvemle nihayet seçebildiğim iki çeşit *lokumumu* beklerken, etrafımdaki insanları izliyorum. Karşımda tek başına oturmuş şerbet içen bir kadın var. *Şerbet şekeri* Türkçede yeni doğum yapmış kadınlara atfen *lohusa şekeri* diye de geçer. Annenin sağlığına iyi geleceği düşünüldüğünden, şerbetin doğumdan bir gün sonra kaynatılması adettendir. Karşımdaki kadın, şimdilerde daha çok ferahlatıcı bir yaz içeceği olarak bilinen *şerbet şekerini* iki adet gül yaprağı aromalı lokumla birlikte zevkle içiyor. Yanındaki masada ise bir çift dostane bir sükunetle oturuyor. Adam çay yudumlarken eşi de ağır ağır dondurma kaşıklıyor antika bir meşrubat bardağından. Kocasına ikram etmediğini fark ediyorum, ama adam da istemiyor zaten. Bir başka masada ise meyve şekeri, *lokum* ve *badem ezmesi* dolu bir tabağın önünde kahkahayla sohbet eden kadınlar var. Süssüz duvarlarda 20. yüzyılın sonunda Fransa'daki uluslararası gıda fuarlarında kazanılmış sertifikaların, Hacı Bekir'in geçmişten bugüne kullandığı logoların çerçeveleri asılı.

Dükkanın dekorunun tarihten bir kare gibi korunması gayet makul geliyor insana. 1777 yılında mühim olan her ne idiyse bugün hala o mühim. Yalnızca şeker, nişasta ve aroma karışımı *lokum* için geliyoruz buraya, o enfes tadının, hepimizde uyandırdığı ayrı çağrışımın hatırına.

İster Türkiye'de yetişmiş olalım, ister başka yerde, bir parça lokum hem ağzımızı, hem gönlümüzü hayallerimizin tadıyla doldurmaya yetiyor.

MAHREM

Türk sağlık sisteminden bir manzara

"Doktora ayıp olmaz" diye eski bir deyiş vardır Türkçede. Gayet mantıklı. Sonuçta sizi en iyi şekilde tedavi edebilsin diye, ne kadar utandırıcı olsa da bilmesi gereken her şeyi söylemeniz gerekir doktora. Kadın veya erkek olsun yabancı birine vücudunuzu göstermeniz gerektiği durumlarda da ayıp kalkar Türkiye'de. Bu biraz tuhafıma gidiyor gerçi. Karşı cinse vücudunuzu belli etmek pek hoş karşılanmaz bu ülkede zira. Öte yandan, devlet hastanesinde doktora görünmenin de utanç kaynağı addedilmesi garibime gidiyor. Yakın zamana dek sağlam bir ulusal sağlık sistemine sahip bir memleketten geldiğim için, Türkiye'de de hep devlet hastanelerine ve polikliniklere giderim. Türklere veya yabancılara bunu söylediğimde ise, ancak başka çaresi olmayanların devletin sağlık hizmetlerine başvurduğu varsayımıyla, bana dehşetle bakıyorlar. Oysa kendi gittikleri özel hastanedeki doktorların devlet kurumlarında çalışan doktorlarla aynı üniversiteden mezun olduğunu unutuyorlar. Öyle bir dehşet ki yüzlerindeki, yabancılar ve belki de bazı Türkler muhtemelen hiç içeri adım atmadıkları ama benim gittiğim bu mekânlara "fakir hastanesi" diyor.

2000 yılında eşimle ben bağlantıları kuvvetli ama niyeti bozuk, açgözlü eski bir askerin sahip olduğu Bağdat Caddesi üzerindeki bir kolejde çalışıyorduk. Bu adam sayesinde, çalışma izni alma sürecimiz esnasında ikircikli bir keyifle Bakırköy devlet hastanesine giderdik. Sevimsiz müdürümüz, SGK'ya bağlı bir devlet hastanesine gitmemiz gerektiğini, yoksa Ankara bürokrasisinin sağlık testlerimizin sonuçlarını kabul etmeyeceğini söylerdi.

Hastanenin girişine vardığımızda muazzam bir kalabalıkla karşılaştık. Başımı nereye çevirsem başkalarını ite kaka ilerlemeye çalışan, kapı önlerinde yerini kimseye kaptırmamaya uğraşan, merdivenlerde sıkışmış yığınlara ilişen insanlar görüyordum. Bu izdihama girmeyi istemediğimden bize gün boyunca rehberlik etmekle görevlendirilen Kasım'a baktım. Kendisi okulun şoförü olarak geçse de muhafızla haraç kesici arası işler yapıyordu. Elinde gazete kâğıdına sarılı deste deste nakit parayla müdürün yanına giderken görürdüm onu sıklıkla. Uzun bıyığı ve sert yüz hatlarıyla insana korku salan bir hali vardı ama bize her zaman iyi davranırdı. Etrafımızda fokur fokur kaynayan etten duvara hiç aldırış etmeyip, labirent misali bir güzergahta onu takip etmemiz için işaret etti. Hafifçe kalabalık bir merdiveni tırmanmaya çalıştık. Arkamı döndüğümde, her koridorun, her bekleme alanının tıka basa dolu olduğunu gördüm. Hastanede yüzlerce, belki binlerce insan vardı ve farklı birimlerin önündeki kuyrukların nerede başlayıp nerede bittiğini anlayamıyordum. Birkaç gün bekleriz herhalde diye geçirdim içimden.

Kasım'ın bir planı vardı. Birinci katta bir muayenehanenin önüne bıraktı bizi. Kapıyı tıklatmadan dümdüz içeri girdi ve masadaki kadınla fısır fısır bir şeyler konuşmaya başladı. Birdenbire sırada bekleyenlere bize yer açmaları söylendi. Masanın yanında oturan iki kişiye kalkma emri, bize de onların yerine oturma talimatı verildi.

Görevli kadın bize dönüp Türkçe:

"Yabancısınız." dedi.

"Evet, yabancıyız." dedik çekinerek.

"Nerelisiniz?"

"Avustralya."

"Avusturya?"

"Yok, Avustralya, buraya çok uzak olan."

133

"Hah, tamam. Evet çok uzak orası. İngilizce öğretmenisiniz öyle mi? Benim de arkadaşım İngilizce öğreniyor. Doktor kendisi."

Artık odadaki herkes artık kulak kesilme merakıyla utanıp sıkılmadan bize bakmaya başlamıştı. Form ya da resmî belge imzalatmak için içeri girenler cevaplarımızı duymak için dikilip duruyordu. Hastanede Türkçe konuşan iki yabancı olduğu haberi yayıldıkça temizlikçiler damlamaya başladı içeri teker teker. Masadaki kadınla konuştuğumuz süre boyunca sürekli sorularla, taleplerle araya girenler oldu. Bunca resmî işlemi görünce endişelenmeye başladık. Sağlık testinden geçmek için bir sistem yürütülüyordu sanki ama biz niye bu sisteme tabi tutulmuyorduk? Herkes randevu almış öyle gelmişken biz hazırlıksız girivermiştik. Diğer herkesin elindeki belgelerden bizde niye yoktu? Fısıltılı konuşmalar devam ederken sessizce oturmaktan başka bir şey gelmedi elimizden. Acaba Kasım neler söylüyor diye düşündüm. Ne diye para gibi görünen bir şey uzatıyordu? Kasım şüphe uyandıracak bir hızla bizi alelacele aşağı kata indirince soru sormaya fırsatım kalmadı. Kendimizi kan alma birimine ulaşmak için sıkış tepiş araya girerken bulduk.

Bu ufak odada kan alan altı yedi hemşirenin önüne atlayabilmek için itişip kakışan çığ gibi bir kalabalık vardı. Önümdekilerin omuzları üzerinden bakınıp ne olduğunu anlamaya çalıştım. Boyum kısa olduğundan beceremedim. Endişeyle Kim'e dönüp bakmasını diye rica ettim:" Ya herkes için ayrı bir iğne kullanmıyorlarsa?" O da bir şey göremediği için yeni iğne kullanmayacaklarsa kan örneği vermemeye karar verdik hemen. Ne gürültü kopacaksa kopsun dedik. Sonra Kasım aniden bizi dozer misali, hemşirenin tam önüne gelene kadar yürüttü. İstemeden kenara ittiğimiz bir sürü kişi gibi hemşire de bize ters bir bakış fırlattı. Hemşire bir şey söyledi, Kasım bunun üzerine başını iki yana salladı, bilmiş bilmiş sırıttı ve ukala bir jestle önüne bir kâğıt parçası attı. Artık kâğıtta her ne yazıyorsa işe yaramış olacak ki, birkaç dakika içerisinde kollarımızı sıvamış, hemşirenin ambalajdan yeni çıkardığı iğneleri batırmasını bekliyorduk.

Kan tahlilinin hemen ardından röntgene girmemiz gerekti. Yabancı kadınların, başka ülkelerde tek başına muayene olurken doktorların fazla samimi temasına maruz kaldığı korkunç hikayeler duymuştum. Asla buna izin vermeyecektim. Tek başına içeri girmeyi reddettim. İlkin kimse beni anlamadı, içeri girmemi söyleyip durdular. Başımı "hayır" anlamında sallamaya devam ederken nihayet Kasım müdahale edip Kim'le ikimizin aynı anda röntgene girmesini sağladı. Meğer zaten tüm görevliler kadınmış ve kıyafetlerimizi çıkarmamıza gerek yokmuş.

İki şeyin farkına varmıştık artık. Koridorların, odaların, merdivenlerin her köşesinde yüzlerce insan bekleşiyordu ama hepsi muayene için gelmemişti. Her hastaya arkadaş, ebeveyn veya akraba olsun moral vermek üzere en az bir kişi refakat ediyordu. Çoğunun yanında birden fazla refakatçi vardı aslında. Öyle olunca binanın nüfusu olağanüstü artmasına rağmen bu illa muayene fırsatı bulamayacağımız manasına gelmiyordu. Ama her doktoru görebilir miyiz, o da belli değildi. Kasım'ın sıkı sıkı tuttuğu kâğıdın üzerinde on iki kadar başlık vardı, hepsi için ayrı birime gidip ayrı bir kalemin onayını almak gerekiyordu. Sabahı yarılamıştık ama on tane daha birime gidecektik.

Bir sonraki durağa geçmeden Kasım üst üste ve ısrarla bize Türkçe "Hayır" dedirtiyor, defalarca yüksek sesle prova yaptırıyordu. Duvarlarında şizofreni görselleri asılı bir odaya girip oturduğumuzda sinirlerimiz boşanmıştı neredeyse. Akıl sağlığımızın Türkçe ölçülmesi bizi kaygılandırdığından, doktoru beklerken endişeye kapıldık. Ses etmeden oturup bizden önce gelenlerin belirli aralıklarla standart, devlet mamülü kahverengi cilalı kapıdan girip çıkışını izledik.

Transa geçmiş halde karşımızdakileri izlemeye devam ederken ismimi söylediklerinde cevap veremedim. İkinciye daha yüksek sesle adımı söylediklerinde sıçrayıp kapıya doğru yöneldim, tek başıma girmeye korktum. Kasım hemen Kim'i dürtüp beni takip etsin diye işaret etti. Eşimin isminin Türkçedeki manası sebebiyle kimse ona uluorta "kim" diye seslenmez, psikiyatri muayenehanesinde hele hiç.

Doktor iyi giyimli, koyu renk saçlı, bıyıklı bir adamdı. "Hello" deyip nasılsınız diye sordu. Karşımızdaki bir psikiyatrdı. Cevabımız akıl sağlığımızın ölçümünde kullanılacağından, fazla agresif ya da endişeli gözükmeden sakin ve kendinden emin bir şekilde "İyiyiz, teşekkürler." dedik.

"Demek yabancısınız ve İngilizce öğretmenisiniz" dedi soru sorar gibi.

"Evet" diye teyit ettik.

"Nerelisiniz?"

"Avustralya" dedi Kim. Tahmin ettiğimiz gibi doktor memleketimizi "Avusturya mı?" diye sorguladığında Kim bana alaycı bir bakış fırlattı. Olabildiğince sevimli bir şekilde "Hayır, Avustralya, buraya çok uzak olan." dedim.

"Ah tamam, kanguruları olan," dedi doktor bilgelikle. Bu ifadeyi itinayla tasdik edişimizi "Türkiye'yi seviyor musunuz? Türk yemeklerini seviyor musunuz?" gibi gayet alışkın olduğumuz muhtelif sorular takip etti.

İyisi mi bu diyaloğu kaydedelim, ihtiyaç halinde çıkarıp oynatırız diye içimizden geçirmemize rağmen gülümsemeye devam ederek tüm sorulara cevap verdik. Öte yandan aşina olduğumuz şeylerle alakalı İngilizce sohbet etmek de rahatlattı bizi. Haliyle, doktor süratli bir Türkçeyle soru sorduğunda bu bizde kaba bir şok etkisi yarattı. Bir sessizlik oldu. Biz acaba ne sordu diye düşünürken Kasım yanımızda gerim gerim geriliyordu. Doktor soruyu tekrarlayınca Kasım ümitle bize baktı. Öyle stresliydi ki titrediğini hissediyor gibiydim. Üzerimizde hissettiğimiz baskıyla nihayet cılız bir sesle Türkçe "Hayır" diye kekeledik. Doktor cevabımızdan tatmin olmuş gözüküyordu, raporumuzda ilgili yerlere tik attı ama Kasım keyifsizdi. Kalabalık merdivenden güç bela aşağı indiğimiz esnada bizi sertçe payladı. "Hayır"larımız yeterince vurgulu değilmiş. Haklı mıydı bilmem ama daha yüksek sesle, uzatarak, kendimizden daha emin "hayır" dememiz gerektiğini kast ediyordu galiba. Ancak bunun pek bir önemi yoktu artık, raporlarımıza tikleri almıştık sonuçta.

Dördüncü birime yani Nöroloji'ye geldiğimizde hastaneye sekizde varmak için sabahın beşinde kalkmış olmanın tesirini hissetmeye başlamıştık. Bakırköy İstanbul'un Avrupa yakasında, bizse Anadolu yakasında oturuyoruz. İlkin neden illa bu hastaneye gitmemiz gerektiğini anlamamıştım ama ele sıkıştırılan paralarla bir alakası olmalıydı. Nöroloğa uzattığım ellerim hiç titremiyordu. Şaşırmıştım. Buradan çıkıp Kasım'ı takip ederek Göz Bölümü'ne geçtik. Kapının önünde iğne atsan yere düşmeyecek, kararlı bir kalabalık vardı ama Kasım bir gedik açıp, hoşumuza gitmese de bizi peşinden sürükledi. Türk olmadığımızı anlamayan göz uzmanı Türk alfabesinin sesli ve sessiz harflerini farklı boyutlarda gösteren bir pano çıkarıp okumamı söyledi. Ne kadar uğraştıysam da harfleri Türkçe telaffuz edemiyordum. Doktor yabancı olduğumuzu fark edince testi bırakıp hemen geçer puanımızı verdi. Bir sonraki tahlil biriminde kapıdan içeri göz attığımda bir ekran ve muayene masası gördüm ve irkildim. Türkçe "katiyen olmaz" nasıl derim diye düşünürken Kasım içeri dalıverdi, çarçabuk dışarı çıktığında ilgili kutucuğa tik atılmış raporlarımızı muzaffer bir edayla sallıyordu.

Birkaç bölüm daha gezdikten sonra ikimize de numaralı birer plastik bardak verdiler. Öğle arasına yaklaşmamıza rağmen çay ikramı filan için değildi bardaklar. İdrar numunesi vermemiz gerekiyordu. Kadınlar tuvaleti kısa boylu, tıknaz, başörtülü köylü kadınlarla doluydu. Kapıdan içeri girdiğimde hepsi dönüp bana baktı. Yabancı olmakla kalmayıp, üstüne üstlük mavi gözlüydüm ve en azından kendilerine Batılı görünen dar bir kıyafet vardı üstümde. Bana göz kırpmadan bakmaları öyle asabımı bozdu ki, plastik bardağımı sıkıca tutup öylece dikildim, olup biteni izlemeye başladım. Ama sonra baktım ki karşımdaki ilk engel tuvaletlerden birine girmek olacak. Ortada sıra namına bir şey yoktu, dolanıp duran kadınlar vardı sadece. Tuvaletler dolup kilitlendiğinde, kilidin altında kırmızı işaret belirdiğinde bile kadınlar durmadan kapı kolunu sarsıp dolu mu diye soruyordu. Önce gelenin sırayı kaptığı, doğal seçilimin hakim olduğu bir deneyim yaşanıyordu.

İlerlemeye çabalarken tuvaletlerin alaturka olduğunu gördüm. Bir yandan çömelip plastik bardağa nasıl işeyeceğime kafa yorup, diğer yandan çantamla montumu ıslak olduğunu bildiğim zeminden uzak tutmaya uğraştım. Türk kadınları şalvarları, uzun içlikleri, aşağı sarkan hırkaları ve yerlere kadar uzanan pardösüleriyle nasıl hallediyor bu işi aklım almadı. Yanlarında çantalarıyla eşyalarını taşıyacak arkadaşları vardı pekâlâ ama hepimizin derdi ortaktı: İdrarı bardağın içine denk getirmek. Çömeldiğinizde aşağı yöneliyorsunuz ama bardağı görmeniz mümkün değil. Biraz doğrulup bardağı göreyim deseniz akış yatay yönlü olacağından bardağa denk gelmesi zor.

Nasıl hareket edeceğime karar vermeden içeri girmem lazımdı artık. On dakikadır beklememe rağmen benden sonra gelen herkes bir tuvalet kapmış ya da önümde dikilmeye başlamıştı. Orta sınıf görgü kurallarımı bir kenara bırakıp ustalıkla fıçı gibi bir kadının yanından geçtim, bir başkası tuvalet kapısını açmaya yeltenirken zarifçe dirsek attım, önüme çıkan üçüncü kadını da kenara ittiğimde artık zafer benimdi. Kapıyı iyice kilitledikten sonra teoriyi pratiğe dökme vakti gelmişti. Hünerli bir gayret gösterip montumla ceketi pencere koluna asmayı becerdim. Rahat bir pozisyon alıp cebimden birkaç kâğıt peçete çıkardım, prova yaptım. Numune için bardağın ne kadar dolması gerektiğini bilmiyordum ama öğrenme imkanım da yoktu. İşe koyuldum. Birkaç saniye içinde hallolmuştu. Hala çömelmiş halde, yarısı idrarla dolu ya da kiminin yarısını boş göreceği bardağım elimde, kıyafetlerimi toparlarken, bardağı nereye koyacağımı bilemedim. Raf veya çıkıntı gibi bir şey yoktu. Etrafımdaki boşluğa bakıp çareyi pis, kırık bir fayans parçası üzerine peçete serip bardağı da üzerine koymakta buldum.

Kliniklerde numuneyi usulca uzatırken göz temasından kaçınan hemşirelere alışkın olduğumdan, elimde bardakla dışarı çıkmaya hiç istekli değildim. Kasım'ın dışarda beklediğini bildiğimden iyice canım sıkıldı. Kuvvetli bir mizah anlayışı vardı Kasım'ın. Sayısız espirisine malzeme olmayı istemiyordum. Dakikalar ağır ağır ilerliyordu. Nihayet koridora çıkacak azmi buldum kendimde. Neyse ki Kim de tam o an erkekler tuvaletinden çıkıyordu ki hemen Kasım'ın ilgisini çekiverdi, bardağını uzatıp çay ister misin diye sordu. Kasım bir kahkaha patlattı, ben de fırsattan istifade kaçıp koridorun sonuna yöneldim. Önündeki arabaya numunelerimizi yerleştirmek için bekleyen bir doktor vardı. Kim yanıma geldiğinde nasıldı diye sordum.

"Ben sorun yaşamadım ama benden önceki adam bir çıktı, elinde peçete bardağı silmeye uğraşıyor." dedi Kim gülerek. "Bardakları numaralandırdıkları siyah kalem su geçirmez değilmiş meğer." Anlattığı şey komikti hakikaten ama tahlillerin neticelerine dair şüphe uyandırdı bende. İsteyen kendi numunesini arkadaşınınkiyle değiş tokuş edebilirdi gayet. Askerlikten mi kaçmak istiyorsun, diyabeti ya da çürük raporu çıkartacak başka hastalığı olan bir tanıdık bul yeter. Dahası, kendi numuneni teslim etsen bile laboratuvarlara o numune nasıl ulaşıyor tespit etmen mümkün değil. Tepemizde pislik içindeki tavanın badanası her an arabadaki üstü açık numunelerin içine pul pul dökülecek gibiydi.

İdrar tahlilinin verdiği utançtan kurtulduktan sonra keyfim yerine gelmişti, kulak burun boğaz bölümündeki son testin de üstesinden gelecek durumdaydım. Bir tek bu test kalmıştı, sonra eve gidecektik. Gelgelelim, personel öğle yemeğine beş dakika önce çıkmaya karar verince hevesimiz kursağımızda kaldı. Kasım hemşirelerden birini sıkıştırdı ama kadın tehdit, yalvarış, tatlı söz, pazarlık dinlemedi. Hastane açılsın diye bir buçuk saat bekledikten sonra, son muayenemiz hepi topu üç dakika sürdü ve sağlık testlerimiz tamamlanmış oldu.

On yılı aşkın bir süre sonra, evimin daha yakınlarında bir yerde yine bir devlet hastanesini boydan boya arşınladım. O zamandan bu yana, çoğu olumlu epey değişim yaşandı sağlık sisteminde. Sabah ilk iş doktora görünebilmek için geceden kamp kurmaya gerek kalmadı artık. Telefonla önceden randevu alıyorsunuz. Gerçi hala muayenesinden saatler önce hastaneye gelen insanlar oluyor ama ortama bir nebze de olsa düzen hakim. Elinizde numara erkenden gidip hasta kabuldeki itiş kakışa giriyorsunuz. Sonra bilgisayarın atadığı sıra numarasını alıyorsunuz. Artık internet üzerinden de randevu alabiliyor, hatta istediğiniz doktoru seçebiliyorsunuz. Bir de benim "insan çobanı" diye tanımladığım, doktora önce görünmek için yalvaran hastaları hizaya getirmekle görevli özel personeller var. Çabaları işe yaramıyor değil ama hastanın çok uzaktan geldiği ve belli bir saatte de otobüse binip eve dönmesi gerektiği durumlar hariç elbette. Böyle durumlarda istisna kabul edilebilir. Hasta doktorun arkadaşı ya da arkadaşının arkadaşının arkadaşıysa ve müsamaha görüyorsa iş değişir tabii, sıranın önüne geçmek uygun olmaz. Ama o arkadaş sizseniz ve bekleme sürenizi azaltmak için bu ayrıcalıktan faydalanmak istiyorsanız başka.

Hastanelere hala koca bir refakatçi kalabalığı hakim. Bebek, ufak çocuk demeden maaile, yakın komşularını da yanına alıp doktora gelenler var. Ama artık Türk usulü de olsa sıraya giriyorlar. Bense sistemi anladığımı ve ihmale izin vermeyeceğimi göstermek için girift bir "sizin numaranız kaç" oyununa başvurmak durumundayım. Buna mecburum, zira ilk muayeneye geldiğiniz gün aldığınız barkodla on gün içinde tekrar doktora görünebiliyorsunuz. Yönetim onca insanın randevusunu belli bir düzene oturtmayı başardıysa da bu kontrol muayenelerini hesaba katıp çözemedi henüz. Hal böyle olunca, özellikle öğleden sonraları tahlil sonuçlarını alıp doktorların muayene odaları önünde volta atarak "bir soru sorup çıkacağım..." demeyi kollayan, içeri girince de saatlerce çıkmayan insanlar varken "sizin numaranız kaç" oyununu illa oynamanız gerekiyor.

En son yakınlarda bir poliklinikte göz birimine gittim. Burası hep çok kalabalık oluyor. Yaşla alakalı olanlar hariç, Türkiye'de görme bozukluğu vakalarının çoğu diyabetin yaygınlığından kaynaklanıyor. Bende diyabet neyse ki yok ama ailemde sarı nokta hastalığı öyküsü olduğundan her yıl kontrole gitmem gerekiyor. Sarı nokta hastalığı yarı ya da tam görme kaybına yol açabildiği için testin kendisinden değil sonuçlarından korkar hale geldim. Bu yüzden randevularımı epey

145

gönülsüzce alıyorum. Test için damarlarıma boya enjekte edilip gözlerime damla damlatılıyor. Dirsek içime damardan iğne yapıldığı esnada kolumu asla hareket ettirmemem söyleniyor. Sürecin etki göstermesi vakit aldığından kalabalık bir bekleme salonuna yönlendiriliyorum. Geniş ve süssüz bir yer burası. Kimsesiz plastik bir çiçek gelişigüzel boy vermiş. Ortama yalnızca merkezi bir tavan penceresinden ışık giriyor. Hava bozuk olduğuna her şeyi gri bir kasvet bürümüş. Dikkatle yerimi alıp etrafa bakınıyorum. Hastaların çoğu yaşça benden epey büyük. Kadınlar *şalvarlı*, bacaklarını iki yana iyice açmış oturuyorlar. Vücutlarının geri kalanı eski püskü el örmesi hırkalarla örtülü. Ayakkabıları pratik, düz, lastik tabanlı; yüzleriyse keskin hatlı, makyajsız. Yıllar evvel diğer hastanenin tuvaletlerinde rastladığım kadınlara çok benziyorlar. Yoksullar modaya itibar etmez. Erkeklerin de giyim kuşamı birbirine benziyor. Eskimeye yüz tutmuş terzi işi pantolonlar, iyice eskimiş gömlekler var üzerlerinde. Kolları benimki gibi iğne için sıvanmış.

Zaman akmak bilmiyor. Kolumu bükemediğimden kitap okuyamıyorum. Göz damlası etki etmeye başladığında zaten harfleri göremeyeceğim. O yüzden çevremdeki insanları izlemeye koyuluyorum. Kimi uyuyor, kimi volta atıyor. Bir aşağı bir yukarı o kadar çok tur atıyorlar ki, artık yüz hatları birbirine girip tek bir uzun gri *pardesüyle* annemin saçındaki bigudileri saklamak için kullandığı şallara benzer cart renkli başörtüye dönüşüyor. Görüş berraklığım azaldıkça etrafımı farklı şekillerde yoklamaya yöneliyorum. Uzun süre doğru düzgün hava almamış ufak bir mutfağınkine benzer yağlı bir koku sinmiş polikliniğe. Dur durak bilmeyen bir uğultu var. Sohbetler yığını, ağlaşan çocuklar, rahatsızlık ve ümitsizlik naraları.

Ortamın kasvetine, testin bende uyandırdığı telaşa rağmen hepten tatsız bir deneyim değil yaşadığım. Yanımdaki kadın saati soruyor. Doğal olarak sağlığımızdan konu açılıyor. Diyabet kaynaklı göz hastalıkları yanında kalp rahatsızlıklarının da olduğunu öğreniyorum hayret içinde. Daha bir hafta evvel kocası trafik kazası geçirmiş, kızı da yeniden anne olmuş. Yüzümdeki kaygı ifadesini görünce ellerini çırpıp dağıtır gibi yapıyor. Dert değil, diye ekliyor. "Hayattayım ya. Eşim de, kızım da, güzel ufak torunum da hayatta. Gerisi mühim değil."

Haklı. İster devlet hastanesine gidelim, ister özele, hasta olduk mu memleketimize, paramıza, inancımıza bakmaksızın hepimizin yaşadığı şey aynı.

GÜN IŞIĞIMSIN*

Babama Veda

Avustralya'da babamın yatağının başucunda oturmuş, eli elimde kanserle savaşa yenilişini izlerken Türkiye'de ölümün daimi varlığını hatırlıyorum. Bizim Batıda saklandığımız ölüm Türkiye'de hayatın bir parçası. Bahsettiğim sadece kaybın insanda yarattığı derin tesir, sokağın aşağısındaki binadan içi dolu tabutun çıkmasını bekleyen boş, yeşil belediye cenaze arabası ya da yan apartmanın önündeki mevlit değil. Ölüm Türk sosyal hayatına bir nevi merasim gibi dahil ediliyor, merhumun bıraktığı hatıralar onun yasını tutan ailesi ve dostlarınca yaşamaya devam ediyor.

Türkiye'de ölümle ilk karşılaşmam İç Anadolu'da yaşadığım zamana denk geliyor. Turistlerin Kapadokya diye bildiği bu bölge, büyüleyici, esrarengiz peribacalarıyla meşhur ve benim asıl oturduğum, peribacaları kadar bilinmeyen, epey muhafazakar Kayseri iline bağlı. Biraz kafa dağıtmak ve şehrin kısıtlı sosyal şartlarından kurtulmak için haftasonlarını sıklıkla yüz kilometre az geçen mesafedeki küçük bir köyde, Göreme'de geçirirdik. Her hafta sonu illa gitmezdik ama Ramazan ayında zaman geçmek bilmezdi Kayseri'de.

Gün boyunca bütün kafeler ve restoranlar kapalı kalır, herkes evinde oturup oruç tutardı. Göreme'deyse en azından öğle yemeğine dışarı çıkardık, istediğimiz gibi çay, sigara içerdik.

Köyde on yılı aşkın süre vakit geçirip geceleri de kaldıktan sonra ziyaretlerimizi de bir düzene oturttuk. Önce Ihlamur Halı Galerisi'ne girip içerdekilere selam verdik. Ailenin tamamı, hanımlar bile toplanmış, boyunları bükük oturuyorlardı.

"Kim, Lisa, hoşgeldiniz," dedi Murat. "Kusura bakmayın, acı günümüzdeyiz. Eşimin kız kardeşinin kocası öldürüldü dün. Çok üzgünüz."

Başsağlığı diledikten sonra acılı aileyi yalnız bırakıp İbo'yu görmeye geçtik. 1990 yılında İbo'nun pansiyonunda çalışmıştım. Evliliğine de, kızının doğumuna da, eşinden boşandığına da tanıklık ettim. Anne babasını, kız kardeşini, kız kardeşinin kocasını ve çocuklarını tanırdım. Göreme'ye ne zaman yolumuz düşse İbo'da kaldığımızdan, ziyaretlerimiz artık adet haline gelmişti. Her zamanki gibi güneşin altında avluda oturuyor, sigara içip kare bulmaca çözüyordu.

"Duydun mu İbo, Murat'ın eşinin kızkardeşinin kocası ölmüş. Haberin oldu mu?"

150

"Evet, trafik kazasından ölmüş. Taksideymiş. Kamyon çarpmış."

"Tanıyor musun peki?" diye sordum.

"Evet. İbrahim."

"Hangi İbrahim?"

"Sen de tanıyorsun İbrahim'i. Otobüs durağının ordaki Kent'te çalışıyordu."

"İbrahim mi?" diye sordum dehşet içinde. "İbrahim Mızrak yani?"

İbo'nun pek umurunda değil gibiydi ama bizi derinden sarsmıştı bu ölüm. Neşeli, sevecen, bize hep çay ikram eden, kocaman planlar yapan İbrahim ölmüştü. Ne kadar ani, ne büyük kayıptı. Bir umut babasını görürüz diye hemen durağa koştuk. Babasını çok iyi tanırdık. Kendisi yoktu ama köyden Kara Mehmet diye biri vardı büroda. Bizi akşama cenaze evine taziyeye götürebileceğini söyledi, biz de o gece Göreme'de kalmaya karar verdik. Ihlamur'a döndüğümüzde Murat İbrahim'in akraba ziyaretine gittiğini, takside beş yolcu olduğunu söyledi. Şoför saatte yüz kırk kilometre hızla giderken, kamyon gelip o uğursuz kavşakta çarpmış taksiye. Gayet iyi biliyorduk o kavşağı. Hava karardıktan sonra, yol boş gözüküyorsa hiçbir araç durmazdı ışıklarda. Murat bize geçiş hakkının alenen takside olduğunu, kamyonun hız yaptığını yazan polis tutanağını gösterdi. Taksi şoförü direksiyonu aksi yöne kırmaya çalışmış ama nafile. Hiçbirinin kemeri takılı değilmiş. İbrahim olay yerinde anında vefat etmiş. Diğerleri hala hastanedeymiş.

Akşam Kara Mehmet'le buluşup o önde biz arkada turist mahallinden epey uzakta, köyün kıvrımlı parke taşlı sokaklarında ilerledik. Büyükçe bir avluya geldiğimizde kapı önünde durduk. Yemek pişirilen ateşin etrafına bir sürü çocuk ve kadın dizilmiş, kadınların geri kalanı mutfakta bulaşık yıkarken, erkekler de toplanmış sigara içiyor, sohbet ediyordu. Avluya girdiğimizde hepsi dönüp bize baktı, biz de onların bize bakışına baktık. Kara Mehmet yaşlıca iki kadınla konuşmaya gitti. Beni alelacele bir merdivenin yukarısına çıkarırlarken, Kim'i de köşeyi dönüp evin başka bir bölümüne geçiriyorlardı.

Beni götürdükleri oda ufaktı ve kusmuk kokuyordu. Kocasının vefatıyla dul kalan kadın üzerinde pijama, battaniyeye sarılı halde yatakta oturuyordu. Dört kadın daha vardı yatakta, hemen bana da yer açtılar. Genç bir kız çay ve tatlı getirdi. Çok tuhaf hissettim kendimi. İbrahim'in eşini tanımıyordum ama şimdi bu kadının kocasının cenazesinde şeref misafiri muamelesi görüyordum. Doğru Türkçe ifadeyi bulamadığımdan *"Geçmiş olsun"* demekle yetindim. O vakte dek sadece hasta olanlara söylediğim bir laftı. Kadınlara kâfi gelmiş olacak ki yabancı olmamdan ileri gelen, duymaya alıştığım soruları sormaya başladılar. Medeni halimden, öğretmenlikten, Türkiye'de neleri sevdiğimden bahsettikten sonra alışveriş gibi pratik konulara geçtik. Bir sürü poşetle otobüse binmenin kimi zaman zor olduğunu söylüyordum ki acılı eş "Arabanız var mı?" diye soruverdi. Alışverişte araba büyük kolaylık diye ekledi bir başkası.

"Bizim yok. Zaten araba kullanmak tehlikeli olabiliyor." diye cevapladım. Hepsi hemfikirdi bu söylediğimle. Kendimi berbat hissettim.

İki saat kadar yanlarında kaldım. Kadınlar yiyecek getirmek, dul kadının yüzünü yıkamak, kıyafetlerini ve nevresimini değiştirmek için girip çıkıyordu odaya. İbrahim'in vefat ettiği Cuma öğle sonrasından itibaren yalnızca bir gün geçmişti. Defin işlemleri tamamlanmasına rağmen bir sonraki hafta mevlit okunacağını söylediler. Dolayısıyla yedi gün boyunca eve yemek getirenler olacak, evdeki kalabalık yedi gün azalmayacaktı. Kim, taziye ziyaretinin ardından akşam yemeği yediğimiz esnada, İbrahim'in babasının oturduğu odaya götürüldüğünü söyledi. Gözyaşları yanağından süzülürken bir yandan sigara içiyor, bir yandan tesbih çekiyormuş. Erkek tanıdıklar gelip yanına oturmuş, çay içip alçak sesle bir şeyler konuştuktan sonra kalkmışlar, yerlerini başkaları almış.

Karanlık, keder dolu bir geceydi. Babamı palyatif bakım ünitesinde her gün ziyaret edişimi andırıyordu. Bu durum her ne kadar hüzün uyandırsa da Babam hayata tutundukça, kalbi durmayı reddettikçe, onun da hayatı bir merasime dönüşmeye başlıyor. İlerleyen günlerde, haftalarda, yıllardır tanıdığı eski dostları, kadın erkek onu görmeye geliyor. Aralarından biriyle elli üç yıl önce ilk işinde tanışmış, diğerleriyleyse daha sonraları. Sayelerinde fotoğraflardaki gür siyah saçlı, kalın siyah çerçeveli gözlüklü genç adamı, yani babamın ben doğmadan önce nasıl biri olduğunu anlamaya başlıyorum. Yirmi kilo verince küçülüp kalmış, yanında oturduğumu bile hatırlamayan adam gidiveriyor. Yerine, üniversite kulübündeki yakışıklı kriket oyuncusu, kenetlenme pozisyonunu hırsla yarıp geçen iri kıyım ragbici; sevgilisi kolunda, gözleri ödülde genç reklam yöneticisi geliyor.

154

Uyandığında gençken nasıl çevik ve kuvvetli olduğunu ispatlayan fotoğrafları gösterdim, anlattığı hikayelere güldüm. İster İstanbul, ister Dubrovnik, ister Bangkok olsun, nereye seyahat etmişsem hep yanımda olduğunu hatırlattım ona. 2007 yılında birlikte Türkiye'ye geldiğimizde en çok yapmak istediği şeylerden biri Bozdoğan Kemeri'ni görmekti. Tekrar görmek yani. İlk kez 1975 yılında ziyaret etmişti burayı. Bu ilk ziyaretinde Hilton'a bagajını bırakır bırakmaz taksiye atlamış ve şoföre tarihi İstanbul'un surlarına gitmesini söylemiş. Kennedy Caddesi'nden ilerleyerek Fatih'e varmışlar. Babam manzaraya karşı içmek için taksiden inmiş. Bu sefer İstanbul'a sabah erkenden vardı uçağı. Havalimanında karşıladım onu. İyi ve elbette makul fiyatta bir otel bulmak için deli gibi uğraşmıştık ama saat ona geldiğinde tercihimizden memnun olduğu her halinden belliydi. Sultanahmet'in kubbelerine nazır bir terasta oturup, ziyaretini şampanyayla kutladık. Babam yalnızca yüzüne koca bir tebessüm takınmakla yetinmiş, hiç adeti olmayacak şekilde sessiz sedasız bir haz yaşıyordu.

İstanbul onu çağırmıştı; şehrin her yanını keşfetmeye kararlıydı. Tam bir *İstanbullu* edasıyla trafikten, bozuk kaldırımlardan şikayet etse de, su kemerini gördüğünde otuz iki yıl önceki kadar keyiflendi. Her gün şortla gezen biriydi. Eminönü'yle Beyazıt arasındaki camilerin hepsine usturuplu girip çıksın diye pantolonla şal temin etmiştim. Gözleri çok az görür, çevresel görüşü ise hiç yoktur. Tramvayın altına girmesine ramak kala, bir de önünden geçen birinin kalçasını ben sanıp farkına varmadan ellediğinde öfkeyle saldırıya uğrayınca onu kurtarmak zorunda kaldığım için kızdığımı hatırlıyorum. Şimdiyse iyi ki gönlünü hoş etmişim diyorum. Hep benim iyiliğimi isteyen bu harika adam için bir şeyler yapıyor olmak ender bir zevk vermişti bana.

Şimdi onu gördüğümde içim cız ediyor. Zaman acı verircesine yavaş akıyor, hızlansın istiyorum ama bizi sona götürür endişesiyle istemiyorum da bir yandan. Bizim de ölüm vasıtasıyla hayatı kendimizce bir merasime dönüştürdüğümüzün farkına varıyor ve teskin oluyorum. Babamın Avustralya'nın dört bir yanında, yurt dışında yaşayan eski dostlarının, en son yıllar evvel birlikte çalıştığı eski iş arkadaşlarının hepsi ardı arkası kesilmeyen öğle yemeği, akşam yemeği, telefon görüşmesi esnasında; kartlarla, e-postalarla, bitmek tükenmek bilmeyen şarap şişeleri eşliğinde o iyi bir dosttu, kibardı, cömertti, vefakardı diyor bana. Kuvveti, metaneti sayesinde babamın çok kişiye hayrı dokunmuştur. Bir arkadaşının bana yazdığı gibi, "Çok iyi bir insan... ama bunu sana bizim söylememiz nafile, zira onu tüm hayatın boyunca tanıma şansını elde etmiş birisin." Onu tanıdığım için hakikaten şanslı ve ayrıcalıklı hissediyorum. Artık en iyi huylarımın kime çektiğini anlayabiliyorum. Benim sayemde yaşamaya devam edeceğini düşündükçe gülümsüyorum, gözyaşlarıma hakim olamasam da.

*"You Are My Sunshine" (Gün ışığımsın) babamın küçüklüğümde geceleyin bana düz, detone bir sesle ama sevgiyle söylediği şarkının ismi.

157